Franziska Muri

Alles, was mich glücklich macht

Franziska Muri

Alles, was mich glücklich macht

Das ganz persönliche
Buch der Lebensfreude

INTEGRAL

Inhalt

Geh deinem Glück ein Stück entgegen

Glück – was für ein schönes Wort! Hörst du das »Glucksen« darin, wie es Kinder in Momenten größten Vergnügens tun? Außerdem steckt seine Bedeutung als »Gelingen« in den Silben, die sich vom Mittelhochdeutschen *ge-lücke* ableiten. Glück ist sehr vielfältig – es reicht von der überschäumenden Freude eines besonderen Moments bis hin zum Gelingen des ganzen Lebenslaufs. Wir erleben es mal leise und zart, mal überschwänglich und leuchtend bunt.

Doch so individuell und vielfältig es jeder erfährt, zwei Dinge sind uns Menschen im Blick auf das Glück gemein: Wir alle ersehnen und erhoffen es. Und wir alle erleben, dass es sich auf Dauer nicht halten lässt. Schöne Momente wechseln sich unweigerlich mit Situationen ab, die wir als schwierig empfinden. Und gerade in trüberen Stunden lässt sich das, was uns gestern oder letzte Woche noch voller Freude, in tiefer Zuversicht oder dankbarer Berührtheit strahlen ließ, nicht mehr recht greifen. Es scheint verschwunden. Wäre es da nicht hilfreich, einen zuverlässigen Anker zur Hand nehmen zu können, der uns jederzeit mit dem verbindet, was uns Freude, Sinnhaftigkeit, Grundvertrauen und, ja, Glück schenkt?

Dieses Buch ist dein Anker

Genau diesen Anker stellt dieses Buch dar. Anfangs ist es nur ein Versprechen. Doch mit der Zeit füllt es sich mit all dem, was für dich ganz individuell Glück ausmacht. Es wird durch dein Mitgestalten zu deinem persönlichen Schatz. Bereits diese »Mitarbeit« wird dir – so hoffe ich – Aha-Erlebnisse bescheren und Momente des großen, beseelten Ja zum Leben.

Das Buch lädt dich ein, eine Sammlung persönlicher Glücklichmacher anzulegen, aus Freude am Leben und als Vorrat für trübere Tage. Ich möchte dir ein bisschen was von dem erzählen, was ich für mich entdeckt und ausprobiert habe und was ich an der Glücksforschung der letzten Jahre faszinierend finde. Dort hat sich nämlich viel getan, was sich direkt auf das alltägliche Leben anwenden lässt: Man geht davon aus, dass sich eine positive Grundhaltung tatsächlich kultivieren lässt und dass jeder Mensch mit etwas Wissen und Aufmerksamkeit dafür sorgen kann, dass er glücklich lebt.

Damit dir das leichter gelingt, gibt dir dieses Buch auf vielfältige Weise Gelegenheit, deiner ganz eigenen Art, glücklich zu sein, auf die Spur zu kommen. Die folgenden Kapitel lassen jeweils viel Raum für deine Einträge: individuelle Erfahrungen und positive Erinnerungen, persönliche Glücksanker und schlummernde Potenziale. Du erfährst dabei auch, wie du diese Sammlung der kostbaren Glücksbausteine deines Lebens in einer Art »täglicher Genusspraxis« nutzen kannst, um immer mehr Freude und Gelingen in dein Leben einzuladen.

Glück ist möglich

Das klingt ein bisschen so, als wäre ein glückliches Leben für jeden möglich. Ist Glück etwa machbar? So einfach ist es nicht. Anders gesagt: Es kommt darauf an, was man unter Glück verstehen will. Was tatsächlich möglich ist: Es lassen sich innere Ressourcen entfalten, die zu wachsendem Glück führen. Die maßgeblichen Wissenschaftler auf diesem Gebiet sind mittlerweile überzeugt davon, dass wir alle uns grundlegend in Richtung Glück hin verändern können. Vertreter des Buddhismus sehen das seit Jahrtausenden ebenso. Allerdings gehen sie von einer Definition von Glück aus, die von der heute meist gebrauchten etwas abweicht. Sie hat mit einem Lottogewinn oder 24/7-Sonnenschein nicht viel zu tun. Vielmehr führt sie uns zu einem Verständnis von Glück, das die Schattenseiten nicht ausschließt. Es geleitet uns über die gesamte Palette an Fühl- und Lebbarem zu der Art von Glück, das als tiefe Erfüllung in uns angelegt ist. Erschließen wir diese Quelle, können wir uns weiterhin – und umso mehr – an all dem erfreuen, was uns im Leben an Angenehmem begegnet. Und wir können es auch leichter wieder ziehen lassen, wenn seine Zeit vorüber ist. Die tiefere Quelle des Glücks bleibt davon unberührt.

Füll deine Schatzkiste bis zum Rand

Der Dalai Lama sagt, dass das Streben nach Glück zu jedem Menschen gehört und seinem Leben erst Sinn verleiht. Um glücklich zu werden, sollten wir eliminieren, was uns unweigerlich Leid bringt, und fördern, was uns Glück bringt. So einfach ist das. Und genau dabei hilft dir dieses Buch. Mit all dem, was du hier findest, kannst du dir deine Lebensschätze bewusst machen und klarer erkennen, was Glück für dich ausmacht und was du vermehrt zu dir einladen und in dir stärken willst. In diesem Sinne kannst du bewusst die Entscheidung treffen, dir zu mehr Glück zu verhelfen. Du beschließt, deine kostbare Zeit hier auf Erden bestmöglich zu nutzen und die Gelegenheit wahrzunehmen, über Glück nachzusinnen und Wege zu finden, es in die Welt zu bringen – in deine und in die von uns allen.

Wie kannst du dieses Buch nutzen?

Füll die Listen
Seite um Seite aus.

Oder du wanderst
intuitiv durch
die Kapitel.

Notiere mal hier
ein Stichwort,
mal dort einen Satz –
so wie dein
Herz dich führt.

Lass dir viel Zeit
beim Nachsinnen
und Schreiben.

Zu wenig Platz hier?
Nutze ein
extra Glückstagebuch.

Fühle angenehme
Empfindungen
ganz bewusst und lass
sie für ein paar
Sekunden wirken
(mehr dazu ab Seite 185)

Nimm dir immer mal
wieder Zeit,
in dem zu lesen,
was du bereits
geschrieben hast.

Beobachte, wie sich
dein Blick auf das Leben
verändert und
was sich in dem
wandelt,
was dir widerfährt.

Krisenstimmung?
Dann kram
ein wenig in
deiner »Schatzkiste«.

Schlag in einer
aktuellen Stimmung
oder mit einer
Frage zufällig
irgendeine Seite auf
und lies dort
oder schreib etwas.

Die Listen, die dir dieses Buch dafür bietet, füllst du mit deinen Worten. Denn Worte wirken, und das sehr machtvoll, wie du sicher schon erfahren hast, wenn dir jemand eine Beleidigung an den Kopf geworfen oder dir gesagt hat, wie sehr er dich liebt. Unmittelbar danach warst du »ein anderer Mensch« – verletzt, wütend, traurig oder berührt, beschwingt, beseelt.

Worte und Gedanken können sogar die Strukturen in unseren neuronalen Netzwerken verändern und damit unser weiteres Sein und Tun beeinflussen. Kommen sie in Verbindung mit den Gefühlen – und das tun sie beim Thema Glück unweigerlich –, dann verstärkt sich ihre Kraft. Sie können uns dann tatsächlich wandeln, uns im besten Fall stärken und nach und nach zu voller Größe und Schönheit erblühen lassen.

All das Beglückende zu notieren, schafft eine Bewusstseinsstütze, wenn wir diese Seite des Lebens in einem Alltagssturm vergessen hatten und uns wieder von ihr berühren lassen möchten. Das Erlebte selbst ist vorbei, es lässt sich nicht festhalten. Doch mit dem schriftlichen Fixieren schaffen wir uns eine Basis, auf der sich die positiven Gefühle immer wieder abrufen lassen. Eine Schatzkiste, die unsere Stimmung heben und uns Kraft vermitteln kann. Zuversicht und das Gespür dafür, dass es Sinn macht, weiterzugehen. An dem, was diesen Erinnerungsschatz ausmacht, können wir immer neu andocken. Und eines Tages werden wir merken, dass wir selbst zu diesem Schatz geworden sind – in uns drinnen lebt all das, was wir an Gutem erfahren, was wir durchgestanden und entwickelt haben, was wir geschenkt bekamen und voller Dankbarkeit annehmen konnten, was wir weitergegeben und zum Gedeihen anderer beigetragen haben. Wir erwachen zu unserer wahren Fülle und entdecken, dass das Glück schon immer da war und nur auf uns gewartet hat – tief in unserem Inneren.

Glück, was ist das überhaupt?

Glück ist etwas sehr Individuelles, völlig subjektiv Empfundenes. Das hat den Nachteil, dass die Wissenschaft nicht so leicht dazu forschen kann. Glück lässt sich einfach kaum objektivieren. Für uns aber hat es den Vorteil, dass wir unsere ganz eigene Weise, glücklich zu sein, suchen und finden, gestalten und leben können. Du und ich und jeder andere Mensch muss selbst herausfinden, was ihn positiv stimmt und was für ihn nicht funktioniert. Ein Überblick darüber, was Glück sein könnte und auf welche Weisen es erfahren wird, bringt dennoch Klarheit. Was also könnte es ausmachen – und was ziemlich sicher nicht?

»Glück«, das unglücklich macht?

Wir leben in einer herausfordernden, aber auch herrlichen Zeit! Was können wir nicht alles genießen, ausprobieren, erfahren? Eine ungeheure, historisch nie da gewesene Fülle an Produkten zur Befriedigung unserer Bedürfnisse und die vielfältigsten Möglichkeiten, die Lebenszeit abwechslungsreich oder gar abenteuerlich zu füllen.

Aus all dem scheint sich eine ganz eigene Vorstellung von Glück entwickelt zu haben: Mehr kaufen, mehr haben, mehr besitzen und mehr an Erlebnissen vorweisen zu können – das macht glücklich. Schließlich haben wir so viele Möglichkeiten und müssen sie einfach nur nutzen. Wir haben unser Glück selbst in der Hand … Diese Auffassung führt zu einem regelrechten Glückszwang: Wir sollen gut drauf sein, ein super Leben haben, erfolgreich, vermögend, beliebt, sexy und rundum überragend sein. Dann sind wir glücklich und dann haben wir es geschafft.

Wirklich? Glück heißt also: Wir haben alles, uns gelingt alles, wir sehen top aus und haben immer ein gewinnendes Lächeln im Gesicht? Irgendwie schön. Aber doch auch anstrengend, oder? Dazu kommt eine ziemlich gemeine Erfahrung: Es ist gar nicht möglich, diesem Bild zu entsprechen, zumindest nicht dauerhaft. Oder kennst du jemanden, dem es gelingt?

Von allen Seiten rufen allerdings Verlockungen: »Doch, es ist möglich. Ich mach dich wirklich glücklich! Kauf mich!« Mal widerstehen wir ihnen und oft geben wir ihnen nach. Und was erleben wir dabei für gewöhnlich? Die Zufriedenheit hält nicht lange an und wir halten bald nach dem Nächsten Ausschau. Psychologen sprechen hierbei von einer hedonistischen Tretmühle: Wer unentwegt obenauf sein will und sein Glück in immer mehr Dingen, Ereignissen und Aktivitäten sucht, der wird auf Dauer unglücklich – getrieben, überfordert, rastlos, stetig neu enttäuscht.

Gesellschaftlich sind wir also in eine Art Glücksfalle geraten, kann man sagen. Wir setzen uns gegenseitig diesem seltsamen Zwang zum Glücklichsein aus, auf eine Weise, die zudem nicht funktioniert. Nicht wenige werden genau dabei unglücklich, obwohl sie doch eigentlich ganz zufrieden sein würden – wenn da nicht dieses extreme Ideal wäre. Zu jeder Missstimmung, in jeder Krise flammt dann zum eigentlichen Schmerz noch das Gefühl des Versagens auf: »Ich darf doch nicht so schlecht drauf sein!« Höchste Zeit also, sich anderen Glücksformeln zuzuwenden.

Hedonistisch …

Schaut man sich in der Philosophie um, stößt man schon in der Antike auf zwei grundlegende Arten von Glück. Der Hedonismus ist die eine Weise, es zu betrachten: der Genuss all dessen, was uns die Welt über unsere Sinne vermitteln kann. In der Ausprägung »Glück durch Konsum« hat das heute eine Extremform gefunden. Letztlich basiert unsere moderne Vorstellung auf einer Haltung, die besagt: »Die Welt muss mir mein Glück liefern!« Aber ist die Welt dafür zuständig? Ist das ihre Aufgabe? Und kann sie es überhaupt, wo doch alle Dinge und Ereignisse vergänglich sind? Auch der schönste Genuss, der größte Erfolg geht vorüber – und dann fallen wir nicht selten in ein emotionales Loch, bis wir etwas Neues entdeckt haben, was uns vorübergehend befriedigt.

Und wie im Kleinen, so im Großen. Das Leben verläuft auch in seinen größeren Bögen selten so, wie wir es uns vorstellen. Sind wir frisch verliebt oder haben einen Traumjob ergattert, sind wir glücklich – und hoffen, dass es immer so bleiben wird. Aber natürlich ist das nicht der Fall. Die Dinge ändern sich schnell und schon ist unser Glück passé.

Ist die »Wenn dies und das geschieht, werde ich glücklich sein«-Haltung also nicht die beste Wahl? Brauchen wir einen anderen Glücksbegriff – obwohl doch all die schönen Dinge, während wir sie erleben, wirklich glücklich zu machen scheinen?

... oder eudämonisch ...

Eine andere Glücksphilosophie setzt seit der Antike darauf, nicht kurzfristigen Freuden hinterherzulaufen, sondern innere Werte und Wesenszüge zu entwickeln, die zu einem gelingenden Leben führen können. Mit einer solchen Haltung mag uns der eine oder andere Genuss entgehen, aber wir leben in der grundlegenden Ausrichtung auf ein Glück der Sinnhaftigkeit in einem größeren Rahmen. Statt eines äußeren Glücks geht es hier eher um ein inneres Glück, das tatsächlich von längerer Dauer sein kann.

… oder ganz anders?

Daneben gibt es viele weitere Definitionen von Glück. Beispielsweise wird es oft als Zufall angesehen: »Glück gehabt!«, sagen wir dann. Am anderen Ende des Spektrums wird es als Sinnhaftigkeit verstanden, von der das ganze Leben getragen wird und die heute von vielen Forschern als wesentlicher als das momentane Glücksempfinden betrachtet wird, ähnlich wie beim Endämonischen. Und es gibt noch ein Glück der ganz anderen Art, mit dem wir uns weitgehend unabhängig von den äußeren Ereignissen machen und das die Frucht eines spirituellen Lebens sein kann. Diese Art von Glück sagt: »Warte nicht, bis dies und das geschieht – sei gleich glücklich!«

Wir werden uns in den kommenden Kapiteln all diese Arten von Glück anschauen. Vor allem wirst du sie in deinem eigenen Erleben erinnern und neu erfahren können. Von der euphorischen Freude vielleicht bis hin zu einem ganz leisen, eigentümlichen Glück, das du spürst, während du still dasitzt und eigentlich gerade über einen Verlust trauerst oder über ein Misslingen, während du Ratlosigkeit oder Schmerz erfährst. Du bist voller Mitgefühl für dich selbst oder diejenigen, die dich möglicherweise verletzt haben oder die leiden – im Staunen über die Vielfalt der feinen Ausdrucksformen des Lebens in dir selbst.

Und weil es so vielfältig ist und weil jeder für sich selbst herausfinden muss, was es für ihn ausmacht, möchte dir dieses Buch Orientierungshilfen auf dem Weg zu deinem individuellen Glück geben. Zu deiner persönlichen Mischung aus all dem, was bislang als »Glück« definiert wurde.

Wie definierst du Glück?

Möglicherweise hast du noch nie darüber nachgedacht, was Glück für dich bedeutet? Willst du dem mal nachgehen – spontan, ohne groß nachzudenken? Dann schreib einfach in die folgende Liste, was du unter Glück verstehst. Wenn du einen Bleistift nimmst, kannst du einzelne Zeilen im Laufe der Zeit immer mal wieder neu für dich erfinden. Denn der Glücksbegriff, da bin ich mir sicher, wandelt sich nicht nur im Laufe der Jahrhunderte und der Generationen, sondern auch im Laufe eines jeden persönlichen Lebens.

Was heißt Glück für dich?

Positive Psychologie

Ende der 1990er-Jahre gab es einen Wandel in der Psychologie. Hatte man sich bislang stets nur mit dem beschäftigt, was schiefging, was Menschen psychisch krank machte und warum, lenkte insbesondere der amerikanische Psychologe Martin Seligman den Blick seiner Kolleginnen und Kollegen auf die andere Seite: Was hält uns gesund? Was schenkt uns seelisches Wohlergehen? Was stimmt uns froh und, ja, was macht uns Menschen eigentlich glücklich? Er erntete überwiegend Begeisterung – und die Positive Psychologie war geboren.

Sich öffnen – und erblühen

Eine der führenden Vertreterinnen dieser Forschungsrichtung ist seither Barbara Fredrickson, die bald mit ihrer Broaden-and-Build-Theorie für ein hoffnungsvolles Aufatmen sorgte. Diese Theorie besagt ganz schlicht zusammengefasst: Sind wir positiv gestimmt, sind wir immer auch offener – für innere und äußere Impulse, für unsere Mitmenschen, für Ideen, für die Intuition. Mit all dem, was uns in dieser Haltung dann zufließt, entwickeln wir jede Menge Ressourcen. Haben wir zudem ein Interesse an einem erfüllten Leben und persönlicher Weiterentwicklung, dann kommen wir in eine Aufwärtsspirale: Wir erleben immer mehr Positives und wachsen daran unentwegt weiter in Richtung Gelingen.

Wunderbare Aussichten, oder? Und das Beste ist: Mit diesem Buch kannst du den entscheidenden Grundstein für diese Art von Aufblühen legen. Du schaffst dir damit nämlich einen Vorrat an Positivem, auf den du jederzeit zugreifen kannst. Und schon während du die Kostbarkeiten zusammenträgst, wächst das Glück in dir. Du musst nichts weiter tun, als dich zu erinnern, schöne und wertvolle Erfahrungen und Empfindungen bewusst wahrzunehmen und sie zu genießen.

Was war heute gut?

Viele therapeutisch arbeitende Menschen unterbreiten ihren Klienten und auch den Lesern ihrer Bücher heute einen Vorschlag, der wohl zuerst von der Positiven Psychologie entwickelt wurde. Es ist eine ganz simple Übung: Jeden Abend setzt du dich hin und notierst mindestens fünf Dinge,

- die an diesem Tag gut waren,
- die besser liefen als erwartet,
- die dich berührt und dir das Herz geöffnet haben,
- auf die du stolz bist,
- für die du dankbar bist oder
- die dir einen Glücksmoment beschert haben.

Es können große Dinge sein, Durchbrüche, umwerfende Geschenke, überwältigende Begegnungen, reiche Ernten nach langen Zeiten des Pflegens der Pflänzchen … Meist aber sind es die ganz kleinen Momente des Alltags: das Lächeln eines Fremden, das Beobachten eines Tieres, plötzlich spürbarer innerer Frieden oder ein guter Witz, über den du befreiend lachen konntest. Und tatsächlich weiß die Wissenschaft heute, dass es die kleinen Freuden und deren Häufigkeit sind, die ein gelungenes und glückliches Leben ausmachen. Sinnvoll ist es, sich diese Freuden bewusst zu machen, um sie dem eigenen Geist und nicht zuletzt dem Gehirn tief einzuprägen. Das »Glückstagebuch« ist wie dafür geschaffen.

Die Forschung kennt Beispiele, wo Menschen mithilfe dieser kleinen Übung sogar aus depressiven Zuständen herausfanden. Die Fokussierung auf Positives, Geglücktes löst gute Gefühle aus und diese verändern uns über die Zeit in die hellere, lichtere Richtung. Warum das so ist, möchte ich später noch etwas genauer beschreiben. Bleiben wir zunächst bei dieser Übung. Vielleicht willst du sie mal für ein paar Tage ausprobieren? Eine Woche lang? Es könnte sein, dass du dabei ein ganz neues Bewusstsein deines Lebens und vor allem deines Alltags gewinnst. Ich selbst habe das zumindest so erlebt.

Wenn du damit beginnen willst, kannst du die folgenden Seiten nutzen. Sie begleiten dich durch sieben Tage. Die vorbereiteten Listen lassen dir für die empfohlenen fünf Einträge täglich Platz und für einen Bonus, wenn dir mehr einfällt.

Was war heute gut?
Tag 1

Was war heute gut?
Tag 2

Was war heute gut?
Tag 3

Was war heute gut?
Tag 4

Bist du drangeblieben? Merkst du möglicherweise sogar schon, dass sich dein Fokus verändert? Dass du stärker auf das schaust, was gut klappt, was schön ist? Und dass du dich vielleicht sogar jeden Abend darauf freust, diese besondere Rückschau auf den Tag zu halten? Dass ein Gefühl der Zufriedenheit wächst, der Dankbarkeit?

Ich selbst bin leider nicht sehr gut darin, Übungen lange und regelmäßig zu praktizieren. Immer wieder scheint mir nach ein paar Tagen etwas Neues mindestens ebenso schön, wichtig und sinnvoll. Aber dieses Glückstagebuch ist offenbar anders. Ich führe es mittlerweile seit fast vier Jahren – nicht unbedingt täglich, aber zumindest mehrmals pro Woche. Ich finde es einfach nur schön und will gar nicht mehr davon loskommen. Manchmal fällt mir zunächst nicht viel ein – ich habe einen ganz normalen Tag hinter mir, es ist nichts wirklich Tolles gewesen. Dann aber werde ich etwas bescheidener und suche in den kleinen Dingen, die einfach gut gelaufen sind, obwohl sie das nicht hätten tun müssen. Die mich überrascht haben wie eine junge Meise auf dem Fahrradsattel und die ich beinahe schon wieder vergessen hatte. Manchmal entsteht auch erst in dem Moment, in dem ich mit dem Tagebuch dasitze und still werde, ein Augenblick der Schönheit. Das Innehalten macht mich ruhig, bringt mich zu mir und ich atme – vielleicht zum ersten Mal an diesem Tag – tief durch. Entspannung, Ankommen, Frieden – und ein Punkt mehr für die heutige Liste.

Besonders schön ist es auch, später noch einmal nachzulesen. Bei vielen Einträgen entstehen sofort wieder die Bilder, Gerüche oder Stimmungen im Kopf, die es damals gab – nur dass ich sie ohne das Glückstagebuch vergessen hätte.

Die Wirkungen dieser simpel scheinenden Übungen sind wirklich tief greifend. Nicht umsonst ist sie ja heute so beliebt und wird auch von professionellen »Seelenhelfern« empfohlen: einfach jeden Tag fünf Dinge aufschreiben, die gut waren. Ich möchte dir hier fünf, ach was, sieben schöne Wirkungen auflisten, die ich an dieser Übung entdeckt habe – und danach geht es weiter mit den Tagen fünf bis sieben:

Was macht das Glückstagebuch so wirksam?

- *Es lenkt meinen Fokus auf das Positive.*
- *Schon während des Tages denke ich manchmal daran, dass das, was ich eben gerade erlebe, auf die abendliche Liste gehört – ich nehme Schönes damit bewusster wahr.*
- *Auch an schwierigen oder mir belanglos erscheinenden Tagen bin ich gezwungen, etwas Gutes zu finden. Nicht leicht, oft auch nicht allzu überzeugend, aber immer möglich.*
- *An trüberen Tagen lese ich nach, was in letzter Zeit schön war. Das hebt die Stimmung oder berührt mich zumindest.*
- *Ich lerne, was es eigentlich ist, was mich glücklich macht, und kann dann gezielt danach suchen. So kam ich beispielsweise darauf, dass ich mehr mit Tieren zusammen sein möchte – und bin seither ganz glücklich mit meinen neuen Pferdefreunden, die ich ab und zu besuchen darf.*
- *Ohne großen Aufwand tu ich mir täglich etwas Gutes.*
- *Mit der Zeit entsteht ein Tagebuch der besonderen Art, eines über die schönen und erfüllenden Seiten des Lebens, eine Positiv-Biografie, die mich vielleicht irgendwann im Alter sagen lässt: Ja, es war gut.*

Was war heute gut?
Tag 5

Was war heute gut?
Tag 6

Was war heute gut? Tag 7

Mir scheint, es geht letztlich gar nicht um die Dinge selbst, die wir da aufschreiben. Sie werden gesammelt, aber festhalten können wir sie ohnehin nicht. Nach meinem Empfinden geht es um die Dankbarkeit, die entsteht, wenn uns diese kleinen Freuden und Berührungen, Begegnungen oder Erfolge stärker bewusst werden. Es geht um dieses: »Wow! Ich lebe!«

Simples Positiv-Denken?

Wenn wir uns mit einer Praxis wie diesem alltäglichen Aufschreiben positiver Erfahrungen beschäftigen, wendet der Verstand – der eigene oder der von unseren Mitmenschen – gern ein, dass wir damit realitätsfern seien. Dass wir in eine rosarote Scheinwelt fliehen würden.

Stimmt das? Ich denke nicht. All das, was wir da notieren und in uns verankern, existiert ja tatsächlich – neben all dem, worauf wir meistens schauen, dem wenig Schönen oder sogar Grauenvollen und Zerstörerischen.

Auch das existiert, aber wir wenden unseren Blick für ein paar Momente bewusst auf die andere Seite der Medaille. Wir verschaffen unserem Körper und unserem Geist ein Innehalten, ein Aufatmen, eine Entspannung. Wir erinnern uns, dass die Welt aus Schwarz und Weiß und vielem dazwischen besteht. Und wir entlassen uns aus der Lähmung, die die Fixierung auf das Dunkle mit sich bringt. Wir werden handlungsfähig, fähig, am Leben mitzugestalten, aus dem Herzen heraus, in Freude und Dankbarkeit. Kann das falsch sein?

Zwei Seiten machen ein Ganzes

Anders als das Positive Denken mit seinen Affirmationen und seinem fokussierten Wünschen oder gar den »Bestellungen« an höchster Stelle geht es der Positiven Psychologie und auch allem, was dieses Buch anbietet, nicht darum, die Schattenseiten des Lebens auszuklammern. Schon allein deswegen nicht, weil es nicht möglich ist. Und weil es auch nicht sinnvoll wäre.

Zwangsläufig folgt auf jedes Hoch ein Tief, auf jeden Anfang ein Ende, auf jede Geburt der Tod. Im Buddhismus spricht man von 10 000 Freuden und 10 000 Leiden. Es sind genau gleich viele! Sich nur auf die eine Seite, nur die eine Hälfte des Lebens zu versteifen, muss scheitern. Mit der beschriebenen Form des heute angesagten »Konsumglücks« allerdings versuchen wir es. Das ist so, als würden wir probieren, immer nur obenauf zu bleiben, während uns das Leben beständig durch eine Art Sinuskurve führt. Auf und ab geht es da – und wenn wir es genau betrachten, ist die Aufwärtsbewegung nur deswegen so erleichternd und so schön, weil wir zuvor ein Tal durchlebt haben.

Sich dies bewusst zu machen, nimmt der Jagd nach dem Glück das hitzige Tempo. Es befreit uns aus der »hedonistischen Tretmühle« – und paradoxerweise kommt uns das Ersehnte dadurch schon viel näher. Vielleicht ist das Glück dann leiser und unscheinbarer, als wir es uns vorgestellt hatten, es fühlt sich aber kein bisschen schal oder langweilig an.

Auch die andere Seite leben lernen

Der zeitgenössische Philosoph Wilhelm Schmid fordert sogar eine Art Recht auf das Unglücklichsein. Denn warum soll es das Nicht-Glücklichsein nicht auch geben dürfen in der bunten Vielfalt, als die sich das Leben zeigt? Mit diesem Recht fällt zumindest schon mal das Unglück weg, das viele befällt, weil sie nicht glücklich sind, wo sie es doch sein »sollten«. Scheitern und Misslingen gehören ebenso zum Leben wie Erfolg und Gelingen.

Ich möchte dir daher mit diesem Glücksbuch keinesfalls die Momente der Melancholie »wegnehmen«, die Krisen, die Spannungen, die Zweifel, das Schwere. Und natürlich könnten das auch kein Buch dieser Welt und kein Mensch dieser Welt. Es kommt einfach niemand ohne diese andere Seite der Medaille aus.

Selbst ein wirklich glückliches Leben bedeutet nicht, völlig frei von Unangenehmem zu sein. Aber es heißt, einen Umgang mit den Widrigkeiten des Lebens und den eigenen Missstimmungen zu kennen, der uns immer wieder aus den Tiefen herausführt, sodass wir nicht im Schmerzhaften stecken bleiben. Diesen Umgang zu finden, darum geht es hier ebenso wie in vielen therapeutischen und anderen heilungsorientierten Ansätzen. Im spirituellen Sinne kann uns dann sogar die Weisheit zuwachsen, mit der wir dem Auf und Ab des Lebens zuschauen, ohne davon mitgerissen zu werden. Gelassen leben wir das, was in diesem Moment von uns gefordert ist, mit allen Gefühlen, unserem ganzen Sein.

Es ist ein Weg der Entwicklung und des inneren Wachstums, das Leben als Ganzes mit seinen Licht- und seinen Schattenseiten akzeptieren zu lernen. Krisen können uns so sogar einen reichen Gewinn bescheren:

Erfahrung, Selbsterkenntnis, Weisheit, Gelassenheit und jede Menge Werkzeuge für den Umgang mit der nächsten Schwierigkeit. Auch auf diesem Weg will dich dieses Buch ein Stück begleiten.

Das allerdings wird nicht unser Schwerpunkt sein. Ich wollte nur gleich zu Beginn darauf eingehen, weil es mir so wesentlich scheint, ein differenziertes Bild vom Glück zu entwerfen. Auf dieser Basis lassen sich die schönen, gelingenden Dinge umso klarer in den Fokus nehmen. Und dadurch verändert sich dann ganz von allein sehr viel zum Besseren – in unserem Fühlen, unserem Erleben der Welt, unserem Gehirn und sogar dem, was uns fortan begegnet. Es ist also ein Weg, der vom ersten Schritt an Freude schenkt.

Die magische Formel 3:1

Wo also stehen wir gerade in unserem Blick auf das Glück? Wir wissen: Zum Leben gehört unweigerlich auch das Leiden. Das haben wir festgestellt und zugleich: Wachstum in Richtung Glück und Gelingen ist möglich. Wie geht nun beides zusammen? Und wie bringen wir die unterschiedlichen Auffassungen von Glück mit unter diesen einen Hut?

Die Mischung für das positive Wachstum

Die bereits erwähnte Barbara Fredrickson hat eine geradezu magische Formel entdeckt, die mittlerweile nicht nur in zahlreichen psychologischen Experimenten, sondern auch theoretisch-mathematisch bestätigt wurde. Danach erfasst uns die Aufwärtsspirale in unserem Leben, wenn wir für jede unangenehme, negative Empfindung 2,9 oder mehr positive Empfindungen haben. Wir erblühen also, wenn das Verhältnis von positiven und negativen Gefühlen in unserem Leben rund 3:1 ist.

Das ist doch fantastisch, oder? Wir brauchen das Negative weder zu sehr fürchten noch auszuklammern oder zu fliehen, wir müssen nur dafür sorgen, dass wir mindestens dreimal so viel Positives erfahren. Und das lässt sich sogar ganz aktiv tun, beispielsweise dadurch, dass wir unseren Fokus darauf lenken und das als angenehm Erfahrene bewusst in uns verankern – so wie es mithilfe dieses Buches ganz leicht geschieht.

Bei den meisten Menschen, die Barbara Fredrickson und ihre Kollegen untersucht haben, lag der Quotient anfangs bei 2:1. Das klingt erst mal gut: doppelt so viele gute Gefühle wie unangenehme! Aber es reicht nicht aus, um sein Leben in Richtung positives Wachstum zu führen. Dafür müssen es dreimal so viele positive Momente sein.

Warum aber wirkt das Negative so viel stärker? Der Neuropsychologe Rick Hanson fand das einleuchtende Bild, dass in unserem Gehirn die negativen Erfahrungen wie an einem Klettband hängen bleiben, während die positiven eher wie an einer Teflonschicht abrutschen. Evolutionär ist das verständlich, denn für das Überleben war es immer wichtiger, Gefahren auszumachen und aus schlimmen Erfahrungen zu lernen, als sich dem Schönen hinzugeben. Bis heute ziehen Negativmeldungen unsere Aufmerksamkeit wie magisch an. Auf dieser Stufe müssen wir aber nicht stehen bleiben, denn es ließ uns zwar überleben, aber glücklich hat es uns nicht unbedingt gemacht. Und vielleicht wäre es an der Zeit, auch das zu erreichen. Schließlich sind wir Wesen, die sich stetig weiterentwickeln und zumindest teilweise die Wahl haben, in welche Richtung sie dies tun wollen.

Flourishing – das Leben erblühen lassen

Es scheint also sinnvoll, dem Negativen möglichst viel Positives an die Seite zu stellen. Da ist es sowieso, nur wird es eben weniger stark wahrgenommen – und genau das können wir ändern, wenn wir unsere Aufmerksamkeit darauf lenken. Damit erhöhen wir den Quotienten und laden immer mehr positive Entwicklung, Entfaltung und Ressourcenbildung in unser Leben ein. Die förderlichen, beflügelnden, eben glücklich machenden Erfahrungen nehmen zu.

Das funktioniert sogar dann, wenn wir Glück als Werk des Zufalls ansehen: Dann sollten wir ja meinen, dass wir darauf keinen Einfluss nehmen können. Aber sicherlich hast du schon beobachtet, dass dir Dinge viel besser gelingen, dass sich Erstaunliches einstellt, dir viele positive kleine und größere Überraschungen beschert werden, wenn du selbst gut drauf bist, wenn du in einer Verfassung der Freude, der Dankbarkeit und Offenheit bist. Und eine solche Haltung lässt sich einüben. Mit ihr werden immer noch Dinge schiefgehen, die Polarität des Lebens wird nicht aufgehoben. Aber du lernst, besser mit all den Facetten des Seins umzugehen und gerätst insgesamt in den Bereich des Flourishing, des Aufblühens, des Gelingens. Und was könnte wahrem Glück näher sein?

Nicht Glück haben – glücklich sein

Das Schöne ist, dass wir uns mit dieser Auffassung nicht entscheiden müssen, ob wir nun hedonistisch-sinnlich Glück erfahren wollen oder lieber eudämonisch-sinnhaft herangehen möchten. Wir können alle Formen von Glück in unser Leben integrieren, da es auf das *Empfinden* des Positiven ankommt. Auf das, was in uns selbst geschieht, und nicht so sehr auf das äußere Geschehen. Wir können also das Zufallsglück aus ganzem Herzen genießen – ohne zu verleugnen, dass es vergänglich ist. Wir können uns Sinneserfahrungen hingeben und uns an der Schönheit erfreuen, die sie uns fühlen lassen. Unser ganzes Wesen wird das dankbar annehmen und sich entsprechend ausrichten. Denn Glück wird durch die Geistesverfassung nicht nur stark bestimmt, es wirkt auch auf diese zurück. Wer positiv gestimmt ist, erlebt mehr Glück, und das stimmt ihn umso positiver. So kommt mit 3:1 ein Kreislauf, eine Aufwärtsspirale in Gang.

Wenn es gelingt, für dreifach oder mehr beglückende Empfindungen zu sorgen und dreimal so oft »positiv drauf« zu sein als negativ, dann wird der Umgang mit den unvermeidlichen Schwierigkeiten leichter. Vor allem können wir das als unangenehm Erlebte des Alltags leichter annehmen, wissen wir doch, dass es uns nicht schadet, solange wir dreimal so oft Positives erfahren. Wir können das Schwierigere sogar begrüßen. Zu viel Glück ist nämlich auch nicht gut: Wie zumindest rein rechnerisch festgestellt wurde, kippt das Ganze ab einem Verhältnis von 11:1 dann doch wieder ins Negative. Mathematisch ist das höchst kompliziert, Barbara Fredrickson führt in ihrem Buch über die positiven Gefühle einen Wissenschaftler an, der diese Berechnung durchführte. Doch letztlich wissen wir es aus unserer eigenen Erfahrung: Wer dauerlächelt – wie angenehm und glaubwürdig ist der schon?

Wie erhöht man die Rate?

Wie aber kommt man nun auf den magischen Quotienten, von dem aus Glück nicht mehr nur eine Zufallserfahrung, sondern eine freundliche Begleitung durch das ganze Leben wird? Wie also lässt sich Glück auf eine bestimmte Weise doch »machen« oder zumindest befördern?

Dass es sich anschubsen lässt, davon geht man nicht nur in der Positiven Psychologie aus. Auch der Dalai Lama beispielsweise sagt, dass sich Glück durch eine Schulung des Geistes erlangen lässt. Und – zugegebenermaßen etwas vollmundig – könnte ich behaupten, dass auch das, was dich in den folgenden Kapiteln erwartet, eine solche Schulung des Geistes darstellt. Eine Ausrichtung auf all das Positive, das es bereits in deinem Leben gibt: in deiner Erinnerung, in deinem Alltag, in den großen Bögen deines Seins, im in dir angelegten Potenzial. Diesen Schatz zu bergen, kann den Quotienten in Richtung Erblühen, Gelingen und Glück erhöhen. Denn was an Gefühlen und Gedanken in dir bewegt wird, baut beständig deinen Geist, dein Gehirn um – und wirkt sich dann auf alle weiteren Erfahrungen aus. Und was du in dir bewegst, kannst du zu einem guten Teil selbst entscheiden.

Was in deinem aktuellen Leben erfreut dich?

Bereits Geglücktes

Dem Glück nachzujagen, bringt nichts. Je mehr wir uns anstrengen, glücklich zu werden, desto schwieriger wird es. Die folgenden Seiten möchten dich daher inspirieren, anders vorzugehen: Bleib einmal stehen und richte dich auf das aus, was in deinem Leben an Glück bereits da ist. Wo überall winkt es dir bereits? Womit bist du bereits beschenkt? Welche Schätze schlummern da, die du vielleicht noch gar nicht bemerkt, noch nicht gewürdigt und angenommen hast?

Machst du dir frühere glückliche Erfahrungen bewusst, bereits Erreichtes, besondere Augenblicke deines Lebens und die besten Qualitäten deines Soseins, dann wirst du ein neues Gefühl für den Reichtum deines Lebens bekommen und ihn wie von allein weiter vermehren.

Die schönsten Erinnerungen

Glück wird gefühlt. Sicher machen uns Worte glücklich, Gedanken, Erfolge, die sich in einem Satz formulieren lassen. Aber am Ende, was ist es, was das Glücklichsein ausmacht? Ein Gefühl. Ein Empfinden. Ein offenes Herz, ein Lächeln im Gesicht, ein Luftsprung vielleicht oder sogar Tränen der Berührtheit.

Wenn du die folgenden Seiten anschaust und dich an Glücksmomente der Vergangenheit erinnerst, dann kannst du es wieder spüren: das Glück dieser Augenblicke, die sich in dir als etwas Besonderes verankert haben.

Die zehn schönsten Momente des letzten Monats

Die zehn schönsten Momente der letzten zwölf Monate

Dir fällt gar nicht so viel ein? Macht nichts. Es eilt ja nicht. Du kannst jederzeit auf diese Seite zurückgehen und in deinen Erinnerungen wühlen. Auch deinen Kalender kannst du zur Hand nehmen. Was war da alles?

Oder du liest einfach die Worte, die du bereits geschrieben hattest, und machst dir die damit verbundenen positiven Gefühle neu bewusst. Genieße sie! Spüre das Glück darin. Genau darum geht es.

Welche Momente deines Lebens lassen dich heute noch selig lächeln?

Welche Begegnungen haben dich berührt, beflügelt, erfüllt?

Deine allerschönsten Reisen oder Ausflüge

Die besten Male, als du über deinen Schatten gesprungen bist

Hier kannst du dich ruhig auf Kleinigkeiten beziehen: den freien Parkplatz in der überfüllten Stadt; das positive Feedback deiner Chefin oder eines Kunden, obwohl du selbst gar nicht so richtig zufrieden warst; den berührend schönen Abend mit deinem Partner oder deiner Partnerin, obwohl du zuvor noch recht genervt warst …

Wo kam es in den letzten Wochen besser als erwartet?

Und nun der größere Bogen: Welche erfreulichen Überraschungen hatte das Leben bislang für dich parat? Welche größeren Wenden nahm es, die du dir so – so schön, so toll, so großartig – niemals hättest ausmalen können? Vielleicht hast du einen Job bekommen, von dem du noch nicht mal geträumt hättest. Oder nach in irgendeiner Weise schwierigen Startbedingungen doch noch eine glückliche Familie gründen können.

Wo kam es in deinem Leben viel besser als erwartet?

Wo hast du so richtig Glück gehabt?

Denke hierbei ruhig groß. Diese Liste könnte auch heißen: »Wo meinten es die Götter gut mit dir?« Oder: »Wo sind für dich Wunder geschehen?« Für mich zum Beispiel gehört hierhin unbedingt die politische Wende 1989, die für mich auf die Minute genau richtig kam. Ich war sechzehn und nur wenig später hätten die Gespräche begonnen, welchen Beruf ich ergreifen oder was ich studieren wollte, und ich hätte ziemlich sicher die Härten meines Heimatlandes DDR erfahren. So aber wurde alles anders und wie ich heute arbeite, davon hätte ich mir damals nicht mal ein Traumbild machen können ... Was sind die Wunder deines Lebens?

Es gehört zur Natur des Glücks, dass es wächst, wenn wir anderen etwas Gutes tun. Wenn wir jemanden zum Lächeln bringen, ihm in einer Notlage beistehen oder ein Ohr für seinen Kummer haben. Sicher kennst du viele – große oder kleine – Situationen aus deinem Leben, wo du das erlebt hast.

Wo hast du anderen Glück gebracht?

In der Positiven Psychologie benennt man gern zehn Gefühle, die als sehr angenehm erlebt werden und das innere Wachsen und Aufblühen besonders stark befördern. Ganz sicher fallen dir zu allen diesen Gefühlen Erfahrungen oder Erinnerungen ein – allgemeiner Art (»Immer wenn ich einen Schmetterling von Blume zu Blume flattern sehe, macht mich das heiter.«) oder konkret (»Meine beiden Kinder machen mich sehr dankbar.«).

Was löst diese zehn guten Gefühle in dir aus?

- *Dankbarkeit* ....

....

....

- *Freude* ....

....

....

- *Heiterkeit* ....

....

....

- *Ehrfurcht* ....

....

....

- *Inspiriertheit*

- *Vergnügen*

- *Stolz*

- *Hoffnung*

- *Interesse*

- *Liebe*

Was macht dich so einzigartig?

Mit dem Annehmen oder gar Lieben der eigenen Person haben wir ja alle so unsere Schwierigkeiten. Die einen mehr, die anderen weniger. Und sicher wissen wir alle, wie wertvoll, sinnvoll und nicht zuletzt beglückend es ist, zu sich selbst zu stehen, sich zu schätzen, zu mögen, aus ganzem Herzen zu lieben. Vor uns selbst können wir schließlich nicht davonlaufen, wir sind immer bei uns, wohin wir auch gehen, was wir auch tun. Wenn wir diese »Gesellschaft«, das Sein mit uns selbst, als angenehm empfinden, wird gleich alles besser.

Die folgenden Listen regen dich an, all deine Schokoladenseiten zu betrachten, wiederzufinden oder ganz neu zu entdecken. Lass dir auch damit Zeit. Vielleicht sprudeln die Stichworte nur so aus dir hervor. Oder es ist ein langsames, mehrmaliges Herantasten, ein Heranlieben an dich selbst.

Du kannst auch mit einer Frage bewusst durch den Tag gehen. Vielleicht reizt dich eine bestimmte Liste, aber dir fällt nichts dazu ein und du denkst: Hm, es wäre schön, da etwas hinschreiben zu können. Lass die Traurigkeit, die dabei vielleicht aufkommt, ruhig ein wenig da sein. Sie gehört ebenso zu dir wie die Sehnsucht, hier Aussagen treffen zu können. Und dann achte einen Tag oder sogar ein paar Tage lang darauf, ob dir nicht doch etwas begegnet – in der Realität oder in der Erinnerung – was in genau diese Liste passt: ein Puzzlesteinchen deiner Einzigartigkeit.

Was findest du gut an dir?

Von wem fühlst du dich geschätzt?

Wofür wirst du geschätzt?

Welche Komplimente haben dich glücklich gemacht?

Wer weiß, vielleicht kommen hier bald noch viel mehr Einträge hinzu, weil du mit zunehmender Bewusstheit deiner Stärken eine Ausstrahlung entwickelst, die den anderen gar keine andere Chance lässt, als dir Komplimente zu machen …

Worauf bist du stolz?

Was gefällt dir an deinem Äußeren?

Erfahrungsgemäß fallen die Antworten hier vielen schwer, insbesondere Frauen. Und ich würde sagen: Vielleicht haben sie nicht genau hingesehen. Das wirkliche Hinsehen bringt eigentlich immer etwas zum Vorschein, was schön ist, berührend, anziehend. Üben lässt sich das wunderbar an anderen Menschen, zum Beispiel in der S-Bahn: Selbst an den größten Unsympathen lässt sich da mit der Zeit etwas finden, was – man muss es zugeben – schön ist. Falls du dich nicht gern im Spiegel betrachtest, könntest du zunächst an anderen üben, das Schöne zu entdecken.

Welche deiner Charakterzüge oder Fähigkeiten magst du besonders?

Die Kreuzwege des Lebens sind enorm wichtig. Dort stellen wir die Weichen für die weitere Zeit. In meinem Leben habe ich einige Entscheidungen durchaus mit Sorge oder sogar Furcht getroffen – wenn auch mit einem klaren Bauchgefühl. Später merkte ich, wie goldrichtig es war, obwohl ich das damals noch nicht hatte abschätzen können. Vielleicht geht es dir ebenso – mit einer Heirat oder einer Trennung, mit dem Sprung in die Selbstständigkeit oder in die Elternrolle.

Welche deiner Entscheidungen hat dich glücklich gemacht?

Warum bist du gut als Partner(in)?

Warum bist du gut als Liebhaber(in)?

Warum bist du gut als Mutter oder Vater (als Tante oder Onkel)?

Warum bist du gut als Nachbar(in)?

Die folgende Frage mag zunächst seltsam klingen. Mir gefällt sie sehr, denn ich finde, dass es in unserer herausfordernden Zeit umso wichtiger ist, gut für sich selbst zu sorgen. Das kann ein Zeitmanagement einschließen, das regelmäßig Raum für Muße lässt. Eine gute Ernährung. Eine spirituelle Praxis. Oder vielleicht die Erlaubnis, Verabredungen abzusagen, die einfach nicht passen. Womit tust du dir gut? Zu merken, dass da einiges zusammenkommt, gibt ein richtig gutes Gefühl.

Warum bist du gut für dich selbst?

Und jetzt noch:

Was liebst du an dir?

Dein Glück ist gut
für die Welt

»Glück? Hast du keine anderen Sorgen?« Kennst du solche Sprüche? Von Menschen, die meinen, dass das Leben hart sei, die Welt in einem schlimmen Zustand und dass daran nun mal nichts zu ändern sei? Manchmal kann es einem so vorkommen. Aber mal ehrlich: Was hätte das Leben für einen Sinn, wenn das alles wäre? Zum Glück spricht vieles gegen die Auffassung, dass Glück gerade heute unmöglich sei und es daher auch nicht lohne, sich damit zu befassen. Alte Traditionen ebenso wie die neuere Wissenschaft bestärken uns: Glück ist möglich. Es ist gesund. Es ist unser natürlicher Zustand. Es dient dem Leben und bringt nicht nur den Einzelnen, sondern auch die Gemeinschaft in der Entwicklung voran.

Glück ist natürlich

In der alten indischen Tradition geht man – wie in vielen spirituellen Lehren – von mehreren feinstofflichen Körpern aus, die neben unserem physischen Körper existieren. Wie bei einer Matrjoschka: Mehrere Puppen stecken ineinander. Der innerste Körper wird als Glückseligkeitskörper bezeichnet – pure stille tiefe Freude. Glück also als unser wahrer Seinszustand.

Etwas weniger feinstofflich und eher bodenständig lässt sich sagen: Sind wir in einer guten Stimmung, erleben wir Offenheit, Zuwendung, Geborgenheit, Wohlgefühl, Freude, dann funktionieren alle Körpersysteme besser. Das lässt sich medizinisch nachweisen (und auch selbst fühlen) und zeigt doch letztlich, dass die Natur genau das ebenfalls anstrebt oder besser sogar normal findet, was wir Glück nennen. Der Neurobiologe Gerald Hüther erklärt, dass man bislang keine Zentren im Hirn ausfindig machen konnte, die in den bildgebenden Hirnscannern genau dann aufleuchten, wenn ein Mensch echtes, tiefes Glück empfindet. Wenn er völlig mit sich selbst im Einklang ist. Bei allen emotionalen Zuständen – angenehmen wie unangenehmen – lassen sich solche Zentren finden. Beim tiefen Glück nicht. Und Hüther meint, dass daraus nur folgen kann: Das Glück ist der natürliche Grundzustand des Gehirns.

Gut für dich selbst

Es gibt nichts Kraftvolleres als eine positive Lebenseinstellung und Freude am Dasein. Barbara Fredrickson bezeichnet die guten Empfindungen als Kraftmaschinen für das Aufblühen im Leben. Sie sind der konstruktive Schwung aus dem Herzen heraus.

Dein Körper liebt Glück

Sind wir unter Druck, gestresst, trüber Stimmung oder gar verzweifelt, hat der Körper intensiv damit zu tun, sich zu schützen. Negativität greift die Zellen an. Der Magen zieht sich zusammen, der Blutdruck steigt an, der Atem geht flach, die Muskeln, insbesondere am Nacken und an den Kiefergelenken, spannen sich an. Kein Wunder, dass die Lebensenergie insgesamt abnimmt, denn der Körper muss ununterbrochen Reparaturarbeiten leisten, um schlimmere Schäden zu verhindern.

Und dann plötzlich ein Glücksmoment. Wir bekommen ein überraschend positives Feedback für eine Arbeit. Ein Termin wird abgesagt und wir haben unerwartet den ganzen Nachmittag frei. Unser Kind strahlt uns voller Freude über einen Schmetterling auf seiner Hand an. Wir atmen durch, die Last fällt von uns ab. Alle Zellen atmen auf und weiten sich, dehnen sich auf ihre natürliche Größe aus und genießen die neue Freiheit. So zumindest kann es sich anfühlen, wenn man genau hinspürt. Überall neuer Raum, endlich Offenheit, Luft, Platz zum Atmen.

Der Körper schließt seine Reparaturarbeiten ab und kümmert sich um das, was er sicher sehr viel lieber macht: Er organisiert Wachstumsprozesse. Er baut Ressourcen auf und entfaltet in ihm angelegte Potenziale. Wir wachsen über uns hinaus. Damit wächst nicht zuletzt auch unsere Resilienz, also die Fähigkeit, mit Herausforderungen im Leben konstruktiv umzugehen und Krisen zu meistern. Und diese hohe Resilienz geht wiederum mit guten Gefühlen, einer positiven Lebenseinstellung, mit Glück einher.

Wobei erlebst du deinen Körper als glücklich?

Dein ganzes Sein liebt Glück

Naturgemäß profitiert nicht nur der Körper von guten Gefühlszuständen. Es ist wahrscheinlich jedem klar, aber mittlerweile auch wissenschaftlich mehrfach bestätigt, dass Glück neben der Gesundheit die Beziehungen zu anderen Menschen verbessert, es steigert die Leistungsfähigkeit, die Kreativität, die Klugheit (weil Offenheit), den Erfolg im Beruf, ja, es erhöht sogar das Einkommen.

Mit einer zufriedenen Grundhaltung sind wir insgesamt offener und uns kann damit viel mehr »zufliegen«. Wir nehmen an, was uns andere Menschen oder das Leben selbst zu schenken haben. Mit Tiefschlägen können wir besser umgehen, da wir in den Wohlfühlmomenten viele innere Ressourcen entwickelt haben, die uns jetzt in Balance halten und uns Auswege erkennen und nutzen lassen. Unser Denken ist positiv, sodass wir Chancen leichter als solche begreifen. Klingt das nicht nach dem Flourishing, von dem die Positive Psychologie spricht? Absolut erstrebenswert, oder?

Glück ist ansteckend

Um auch das deutlich auszusprechen: Nein, Glück ist nicht egoistisch. Wenn jemand darunter Gewinnmaximierung um jeden Preis, Konsum von allem, was lockt und blinkt, einen süßen Dauerrausch der Sinne versteht, dann entspricht er damit vielleicht dem, was uns die Wirtschaft und ihre Werbung häufig als Glück verkaufen will. Damit wäre er zweifellos egoistisch. Sein Spaß würde auf den Schultern vieler anderer lasten, nicht zuletzt auf der Natur und den knapper werdenden Ressourcen, die eigentlich noch lange für uns alle reichen und sorgsam gehegt werden sollten. Aber – das hatten wir bereits gesehen – mit Glück hat das wenig zu tun, wenig mit innerer Freude, mit Verbundenheit, einem offenen Herzen.

Das Glücksvirus in Netzwerken

»Wirkliches« Glück, so vielfältig es sich verstehen und vor allem empfinden lässt, ist nicht egoistisch. Das liegt nicht in seiner, nicht in unserer Natur. Denn Glück ist ansteckend. Ja, wirklich! Es gibt sogar Studien dazu. So beschreibt der Psychologe und buddhistische Lehrer Peter Malinowski Untersuchungen, bei denen man die Wahrscheinlichkeit von Menschen, glücklich zu sein, daran maß, ob sie glückliche Menschen kannten. Das Ergebnis ist erstaunlich und geradezu beflügelnd: Wer in einem direkten Kontakt zu jemandem steht, der glücklich ist, ist mit einer 15 Prozent höheren Wahrscheinlichkeit ebenfalls glücklich als jemand, bei dem das nicht der Fall ist. Bei Zusammenlebenden beträgt die Rate sogar 30 Prozent. Bei einem indirekten Kontakt – wenn man also mit jemandem in Kontakt ist, der mit einem glücklichen Menschen in Kontakt ist, sind es immer noch neun Prozent.

Und sechs Prozent, wenn man noch eine weitere Person Abstand im Netzwerk hat, wenn also der Freund eines Freundes eines Freundes glücklich ist. Zum Vergleich: 10 000 Euro mehr Jahresgehalt machen nur zwei Prozent aus!

Wodurch macht dein Glück deine Umgebung besser?

Eine entscheidende Veränderung hat sich bereits vollzogen – zumindest in vielen Köpfen und Herzen. Natürlich müssen zuerst unsere Grundbedürfnisse nach Nahrung, Kleidung und einem Dach über dem Kopf befriedigt sein. So viel »Reichtum« muss da sein. Darüber hinaus aber besteht Luxus heute eher darin, Ruhe zu erleben, Zeit zu haben, inneren Frieden und freudige Gelassenheit – eine ganz neue und doch zugleich uralte Form von Glück.

Was macht dich wirklich reich?

Glücksepidemie

Studien zeigen also: Wenn du auf einem höheren Glückslevel bist, ziehst du andere mit hinauf. Vielleicht liegt es an den Spiegelneuronen, über die wir Verhalten und Empfinden eines anderen automatisch miterleben, als wären es unsere eigenen. Fakt ist jedenfalls: Glück lohnt sich nicht nur für dich, sondern auch für die Menschen um dich herum. Wer das Glück vermehrt, vermehrt es für alle. Auch die sozialen Netzwerke im Internet könnte man so nutzen, dass es immer mehr Beteiligten besser geht.

Wer positive Gefühle erfährt und sich insgesamt als zufrieden und glücklich erlebt, ist offener, herzlicher und mitfühlender. Er geht leichter Kontakte ein und versucht automatisch, anderen Gutes zu tun. Aus seinem Aufblühen wird ein »soziales Flourishing«, indem er seiner Umgebung weiterhilft und auch sie auf die Aufwärtsspirale zu setzen versucht. So ist es für jede Familie nur gut, wenn sich die Einzelnen um ihr Glück bemühen. Ebenso für jede Nachbarschaft. Und für Firmen und Betriebe, denen »nebenbei« noch die bessere Produktivität und Kreativität sowie die gesteigerte Lösungsorientiertheit der glücklichen Mitarbeiter zugutekommt.

Glück – noch besser als sein Ruf!

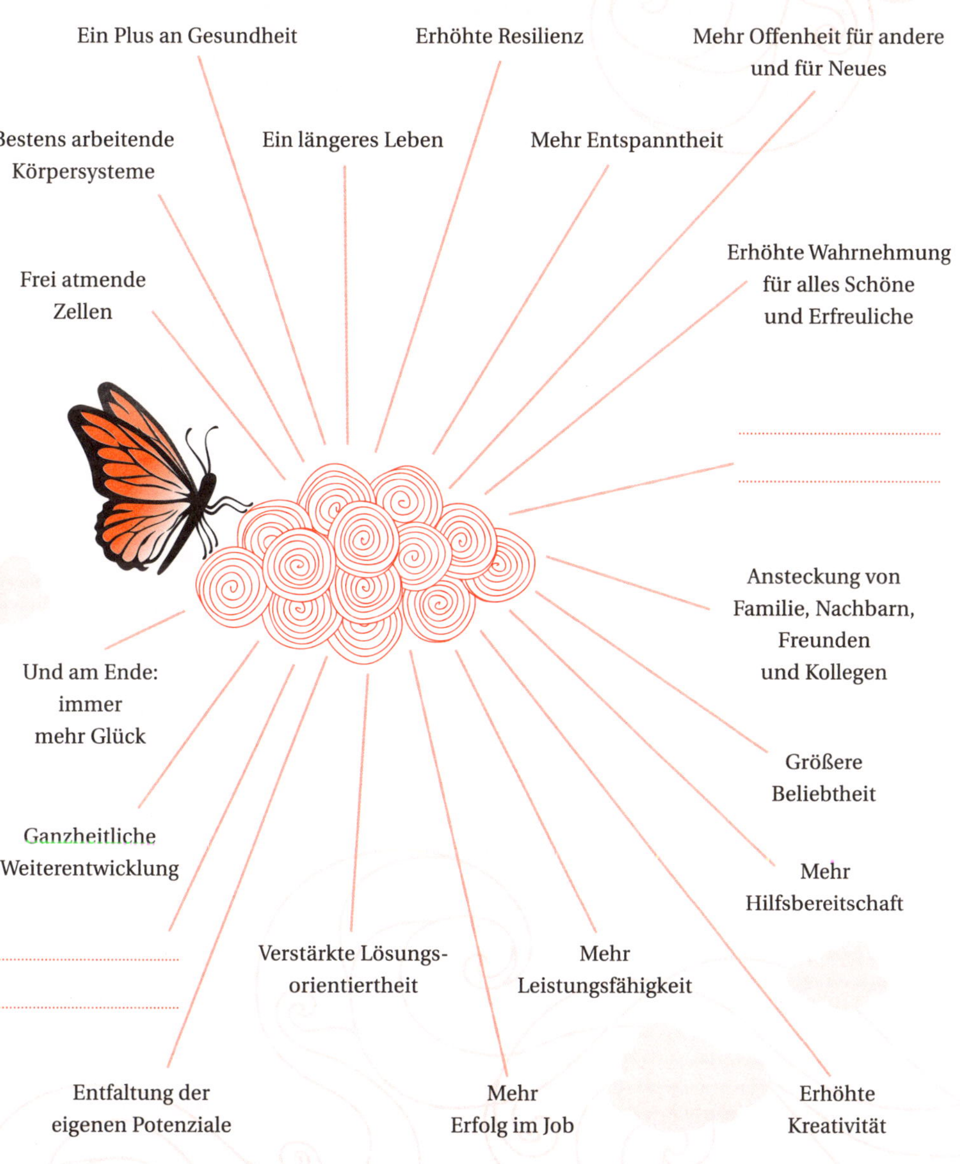

Wo leuchten Hoffnungsschimmer?

Dennoch: Die Probleme, vor denen wir als Menschheit aktuell stehen, sind riesig. Und sie sind existenziell. Wir alle sitzen im selben Boot. Was nützt uns daher das herrlichste individuelle Glücksempfinden, wenn das Weiterexistieren von Menschheit und Erde auf der Kippe stehen? Niemand wird heute noch ernsthaft bestreiten, dass wir nicht so weitermachen können – weder sozial noch wirtschaftlich, finanziell oder ökologisch. Und doch scheint sich nichts zu ändern, die Krisen wachsen an und es entstehen immer noch neue.

Auch die Frage, wie man damit umgehen kann, gehört nach meinem Empfinden in ein Buch über das Glück. Antworten wird es hier nicht geben können, zumindest aber den Versuch, dem irgendetwas Positives entgegenzusetzen, um handlungsfähig und freudig motiviert zu bleiben. Auch dazu möchte ich dir Listen anbieten.

Zu allen Schreckensmeldungen und aller scheinbaren Blindheit von manchen Entscheidungsträgern gibt es jederzeit auch die andere Seite. So viele Menschen erwachen aus dem egoistischen Traum des Immer-Mehr und beginnen, Alternativen zu entwickeln. Da hierüber selten in den Nachrichten berichtet wird, ist es hilfreich, sich selbst immer wieder davon zu erzählen. Und dabei hilft eine Liste, auf die du alles schreibst, was dir an Initiativen oder Ideen begegnet, die etwas zum Guten verändern und zeigen, dass die friedvolle, konstruktive Seite der Menschen immer auch aktiv ist. Diese Liste kann ständig ergänzt werden, denn wer danach sucht, wird hier sehr viel finden.

Was geschieht Gutes für die Erde?

Ab und an stößt man auf Theorien oder Ideen zur Lage der Gesellschaft oder der Menschheit, die auf irgendeine Weise Mut machen und einen möglichen Weg zur Gesundung zeigen. Keine Allheilmittel, die alles gut werden lassen, denn die kennt momentan sicher niemand. Aber Ansätze, die ein guter Schritt wären oder das Durchatmen wieder leichter machen. Vielleicht zählt für dich das Konzept des bedingungslosen Grundeinkommens dazu – wenn es einmal ernsthaft probiert würde, könnte das nicht nur wirtschaftlich, sondern auch sozial und psychisch enorm viel verändern und entspannen. Oder die Auffassung, nach der uns nur noch ein tiefer Bewusstseinswandel wird helfen können – und an genau dem kann jeder mitwirken, sich selbst besinnend, meditierend …

Wenn dir diese großen Themen wichtig sind und dir hoffnungsvolle Wegweiser oder einfach nur sinnstiftende Erklärungen begegnen, hier ist Platz, sie zu sammeln, um sie ab und an zu erinnern oder weiterzuentwickeln.

Wo siehst du Licht an unser aller Horizont?

Alles führt zurück zu mir, zu dir, zum Einzelnen. Wonach ruft dein Herz, wenn du an die Zukunft denkst? Was hast du als hilfreich, ja beglückend für dich erlebt, gerade weil es allen weiterhilft? Das kann das Lächeln gegenüber Fremden sein, das das Klima auf den Straßen freundlicher werden lässt. Die meditative Praxis. Oder der Startschuss für eine Initiative, die dir schon lange als Vision vor Augen steht. Wenn dich das anspricht – hier ist deine Liste:

Was könntest, was möchtest du für alle tun?

Was macht dich zu einem guten Erdbewohner?

Glück ist Pflicht!

Das sagt niemand Geringeres als Seine Heiligkeit, der Dalai Lama, Oberhaupt einer Religion, die sich seit Jahrtausenden mit dem Weg zum Glück befasst, wie er für alle Menschen möglich ist. Seine Überzeugung: Wer wirklich dabei mithelfen möchte, dass die Welt eine bessere wird, der muss alles dafür tun, um glücklich zu sein. Denn all die für den Einzelnen und sein Umfeld beschriebenen Effekte potenzieren sich für die Welt als Ganzes.

Weil die globalen Herausforderungen so enorm sind, kann es leicht passieren, dass wir nur noch auf das Gefährliche, auf das, was schiefgehen kann und schon schiefgeht, schauen. Wenn wir uns aber ohne diesen dunklen Filter umschauen, sehen wir, wie viel Schönheit immer auch da ist. Wie viel an Werten und an freundlichem Miteinander besteht und erhalten, verteidigt werden will. Verteidigt vor allem gegen das innere Grau, das sich in unserem Blick über sie zu legen und sie zu ersticken droht.

Was anders soll uns die Kraft geben, auch kollektive Krisen durchzustehen und sinnvolle Lösungen zu finden, wenn nicht Offenheit, Mitgefühl, Zuversicht, Lösungsorientiertheit, Kreativität – all die Qualitäten, die von einer positiven Lebenseinstellung und einem grundlegenden Glücksgefühl im Leben hervorgebracht werden? All die Ressourcen, die das Glück in uns wachsen lässt, sind genau das, was wir auch als Menschheit brauchen.

Worin macht dein Glück die Welt besser?

Dein ganzes, großes, reiches Potenzial

Potenzial macht glücklich. Das finde ich immer wieder. Solange noch was geht, noch was möglich ist, noch was lockt – ist alles gut. Und das Spannende ist: Letztlich geht es gar nicht darum, alles umzusetzen, was man sich vornimmt und was einem lohnend erscheint. Allein das Träumen von beflügelnden Möglichkeiten lässt das Herz schon weit werden und die Kostbarkeit des Lebens ins Bewusstsein rücken. Wieder sind es die Gefühle, die glücklich machen, weniger die Aktionen selbst.

Was du schon immer noch mal machen wolltest

Reisen, Projekte, Sprachenlernen, Koch- oder Tanzkurse … Hast du nicht auch den Kopf – und das Herz – voller Dinge, die du irgendwann so gern noch mal machen würdest? Aber leider reicht die Zeit nie aus, anderes ist immer gerade wichtiger. Und wenn dann mal plötzlich und unerwartet Zeit ist, fällt dir nicht mehr ein, was du so unbedingt machen wolltest. Gut also, ein paar Listen mit Angeboten zu haben, die aus dem eigenen Herzen kommen. Sie zu erstellen und ab und zu zur Hand zu nehmen, stimmt schon positiv. Alles, was möglich ist, werden wir ohnehin nie erleben, erfahren, lernen und tun können. Um sich die Auswahl zu erleichtern, was man tatsächlich umsetzen möchte, rät übrigens der Dalai Lama zu folgender Frage: Wird mich das wirklich glücklich machen oder nur kurzfristig erfreuen?

Also, beginnen wir, und zwar groß:

Zehn Dinge, die du in deinem Leben unbedingt noch machen willst

Zehn Dinge, die du in deinem Leben gern noch machen würdest, wenn **alles** möglich wäre

Hab hier den Mut zum Spinnen, zum Fantasieren! Greif nach den Sternen! Was würdest du gern machen, wenn wirklich *alles* machbar wäre? Als Astronaut zum Mars fliegen? Einmal um die Erde paddeln? Mit deinen Songs die Olympiahalle füllen? Einen Ashram gründen? UNO-Generalsekretär/-in werden? … Wünsche und Träume verraten uns viel über uns selbst. Und wer weiß, ein paar Schritte in die ersehnte Richtung gehen doch sicherlich.

Hier wieder ganz nah, ganz greifbar und mit dem inneren Locken, es wirklich bald anzupacken:

Zehn Dinge, die du bis zum Ende des Jahres tun möchtest

Orte, an die du reisen möchtest

Dir bekannte Orte, an die du wieder einmal reisen möchtest

Dich lockende Ausflugsziele (in der Natur, in der Stadt, Museen, Parks ...)

Sicher, es ist ein bisschen seltsam, für so etwas Listen zu machen. Ist doch klar, welche Orte man liebt! Aber vielleicht machst du die gleiche Erfahrung wie ich: Es gibt zu viele Verlockungen – und am Ende weiß man gar nicht mehr, was man will. Außerdem macht es bereits Freude, in so einer selbst geschriebenen Liste zu schmökern und zu fühlen, wie reich die tatsächlichen Möglichkeiten sind.

Was würdest du gern tun, wenn du mal einen Nachmittag oder Abend lang Zeit hast?

Was würdest du gern tun, wenn du mal einen ganzen Tag lang Zeit hast?

Was würdest du gern tun, wenn du mal ein ganzes Wochenende Zeit hast?

Was möchtest du gern tun, wenn du in Rente gegangen bist?
(Wenn es schon so weit ist, dann schau auf die nächsten Jahre.)

Du hast vielleicht noch viel Zeit bis dahin und deine Ideen werden sich in der Zwischenzeit noch oftmals verändern. Sie aufzuschreiben, schafft dennoch eine tiefere Klarheit und auch schon ein innerliches Vorbereiten auf diesen irgendwann unweigerlich geschehenden Wandel. Gerade in unserer Zeit beginnen Psychologen davon zu sprechen, dass es der intensivste Einschnitt im Verlauf des Lebens ist, in dem plötzlich zum ersten Mal andere Werte als das Leisten gelten. Eine gewisse innerliche Vorbereitung kann da nur guttun. Du kannst diese Liste aber auch für Fragen wie diese nutzen: Was möchtest du gern tun, wenn die Kinder ausgezogen sind und ihre eigenen Wege gehen?

Die schönsten Tätigkeiten sind ja die, die uns die Welt um uns herum vergessen lassen, ja, bei denen wir uns selbst vergessen und ganz im Tun aufgehen. Stunden vergehen dann wie Augenblicke – die Zeit verliert ihre Linearität. Flow nennt die Psychologie dieses Phänomen: Alles fließt. Wir sind getragen und – glücklich.

Kennst du Aktivitäten, bei denen du schon so einen Zustand erlebt hast? Beim Joggen? Beim Malen? Sind sie dir bekannt, lässt sich die Chance erhöhen, immer mal wieder in den Flow zu geraten.

Was bringt dich in den Flow?

Das Glück der Sinne

Deine fünf Sinne (natürlich auch der sechste und der siebte …) bieten dir unendlich viel Potenzial für Glücksmomente. Und die machen ja bekanntlich in der Summe ein gelungenes, geglücktes Leben aus. Vor allem, wenn sie wirklich wahrgenommen und tief empfunden werden.

Die folgenden Listen laden dich ein, dir deine liebsten sinnlichen Erfahrungen bewusst zu machen. Du kannst sie dann nutzen, um dieses Erleben in der Erinnerung neu zu spüren – oder sie natürlich auch aktiv wieder herbeizuführen und live zu genießen. Wenn du dafür etwas auswählst – oder etwas ganz Neues findest –, kannst du auf dieses gewisse Kribbeln in der Herzgegend achten, das dir anzeigt: »Oja, das wäre jetzt schön!«

Vielleicht kennst du das: Du hattest einen anstrengenden Tag und solltest nun noch zu einer Verabredung mit Freunden ins Kino oder zu einem Vortrag. So wichtig aber ist das eigentlich gar nicht und du entscheidest dich, abzusagen und es dir stattdessen auf dem Sofa gemütlich zu machen. Der sprichwörtliche Stein fällt dir vom Herzen, Seufzer der Erleichterung – und das gewisse Kribbeln der Freude. Ja!

Was lieben deine Sinne?

- *Was siehst du am liebsten (Farben, Formen, Ansichten)?*

- *Was hörst du am liebsten?*

Ich finde, dass Geräusche tatsächlich Glücksmomente auslösen können. Bei der Musik ist uns das selbstverständlich. Aber auch die Natur macht herrliche Klänge. Mein Lieblingsgeräusch ist zum Beispiel das der kleinen Kieselsteine am Seeufer, wenn sie von einer sanften Welle bewegt werden. Das Wasser kommt, überspült die Steinchen, es geht zurück – und sie klirren. Wunderschön! … Na, und natürlich der Amselgesang …

- *Was schmeckst du am liebsten?*

- *Was riechst du am liebsten?*

- *Was berührst und spürst du am liebsten?*

Worauf freust du dich im Frühling?

Worauf freust du dich im Sommer?

Worauf freust du dich im Herbst?

Worauf freust du dich im Winter?

Vielleicht geht es nur mir so, aber ich vergesse oft, was ich an Musik oder an Filmen liebe. Es ist einfach zu viel. Natürlich füllt man solche Listen aus dem momentanen Geschmack heraus. Du kannst sie aber auch für das reservieren, was dir im Alltag nicht so parat ist, dir aber dennoch ab und zu große Freude macht – eine bestimmte Oper vielleicht oder ein innigst vertrautes Kinderbuch.

Deine Lieblingsmusik(-richtungen)

Deine liebsten Bücher

Deine Lieblingsfilme

Deine liebsten Vorträge

Vorträge? Was? Ich bin ein großer Fan von Vorträgen, die Hirnforscher, Soziologen, Psychologen, Therapeuten und andere auf CD oder DVD aufgenommen haben. Ich fürchte, so viele Leute teilen diese Leidenschaft nicht, ich wollte aber trotzdem nicht auf diese Liste verzichten. Wenn sie dir fremd ist, kannst du sie einfach anders nutzen. Vielleicht für Hörbücher, Spiele oder Zeitschriften.

Was gibt dir Kraft?

Hast du deine ganz speziellen Kraftorte? Unter einem Baum im Park? Auf einem Hügel vor der Stadt? In deinem Wohnzimmer? Es gibt allgemeine Kraftorte auf der Erde, die vielen bekannt sind und die oft von Geomanten vermessen und als »echte« Kraftorte eingestuft wurden – mit einer heilsamen, einer höheren als der gewöhnlichen Schwingung. Und es gibt die, die sich jemand selbst kreiert – indem er seine persönlichen Wohlfühlorte häufig aufsucht und mit guten Energien auflädt (genauer beschrieben in dem Buch von Vera Griebert-Schröder und mir: »Großstadtschamanismus«).

Welche Kraftorte kennst du?

Was hilft dir, deine Kraftquellen im Alltag auch wirklich zu nutzen?

Bei unseren prall gefüllten Terminkalendern und To-do-Listen ist es wirklich eine Kunst, gut für sich zu sorgen und sich das auch zu nehmen, was man als stärkend und nährend erkannt hat. Die Yogastunde, das entspannte Plaudern mit Partner oder Freundin, das genüssliche Kochen. Aber sicher kennst auch du aus deiner Erfahrung die kleinen Tricks, die bei dir funktionieren, damit du es auch wirklich tust. Für diese Kniffe – oder auch motivierende Sätze und Ziele – ist diese Liste.

Und keine Sorge: Wenn du nichts davon umsetzt und in drei Wochen wieder diese Seite aufschlägst, dann erinnerst du dich und wirst vielleicht jetzt aktiv. Wunderbar. Es ist (fast) nie zu spät.

Deine Qualitäten entfalten

Die Entfaltung deines Potenzials ist naturgemäß eng damit verbunden, dass du die besten Qualitäten, die in dir stecken, entdeckst und zum Blühen bringst. In jedem von uns wartet so viel, was auf die beste Weise bemerkt, freigeräumt und gelebt werden will. Und oft helfen uns die anderen, diese Gaben zu bemerken.

Was sind die schönsten Dinge, die andere über dich gesagt haben?

Welche Qualitäten kannst du daraus ableiten, die du noch stärker zum Blühen bringen willst?

Was sind deine Stärken?

Was macht dich an diesen Stärken glücklich? Welches gute Gefühl geben sie dir?

Wo könntest du diese Stärken noch intensiver einbringen?

Was möchtest du noch lernen?

- *an »inneren Fähigkeiten« wie Geduld:*

- *an »äußeren« Fähigkeiten wie Sprachen, PC-Programmen oder Meditationstechniken:*

Oftmals muss auch erst etwas losgelassen werden, bevor der Raum für die Entfaltung eines weiteren inneren Schatzes da ist. Hast du so etwas in deinem Leben, das seine Zeit eigentlich längst überschritten hat? Ein Beziehungsmuster? Ständiges Zu-viel-Arbeiten? Schüchternes Dich-Verstecken? Mit diesen beiden Fragen kannst du es möglicherweise leichter verabschieden.

Welche Freiräume entstehen, wenn du »es« loslässt?

....

....

....

....

....

....

Im Rückblick: Wofür war »es« gut?

....

....

....

....

Hast du ein Ziel, für das du gern aktiv werden möchtest? Aus meiner Erfahrung wird dies umso schwungvoller, wenn du dir bewusst machst, was die Vorteile sind: Warum lohnt es sich? Was verbessert sich dadurch?

Voilà, hier ist deine Seite dafür:

Lass dich locken: Wie wird dein Leben sein, wenn du dieses Ziel erreicht hast?

Unbestritten lernen wir am meisten aus dem, was schiefgeht, was uns ärgert, was uns das Leben immer wieder wie einen Spiegel vorhält. Zugegeben, diese Seite hier macht vielleicht nicht so viel Spaß. Aber wenn sie dir in einem bestimmten Moment dennoch wertvoll erscheint, dann nutze sie! Denn Potenzial gibt es immer dort, wo wir (noch) keine Meister sind.

Pick dir eine deiner Schwächen heraus oder eine kleine Alltagssituation, die gründlich schiefgegangen ist, und untersuche sie daraufhin, was du daraus lernen könntest. Den Verstand braucht man dafür erfahrungsgemäß am wenigsten. Durchfühle es eher, meditiere damit oder wende eine dir bekannte heilwirksame Methode an, die Quantenheilung vielleicht oder The Work von Byron Katie.

An welchen Schwächen/Ärgernissen scheinst du derzeit wachsen zu wollen?

Viele von uns entfalten das größte Potenzial in ihrem Beruf – der dabei tatsächlich gelebte Berufung werden kann. Damit die Arbeit uns selbst erfüllt und möglichst auch noch anderen etwas Gutes und Sinnvolles bringt, kommt es bekanntermaßen gar nicht so sehr auf das »Was« des Tuns an, sondern vor allem auf das »Wie«.

Dein Job

- *Was ist gut an deiner Arbeit?*

- *Was gibt dir deine Arbeit persönlich?*

- *Was gibst du anderen mit deiner Arbeit?*

- *Was gibt deiner Arbeit Sinn?*

Falls es dir bei deinem Beruf oder in der aktuellen Situation nicht so offensichtlich ist: Schau auch auf die kleinen Dinge – das Klima unter den Kollegen, die Beziehung zu den Kunden, die Freude, die du in die Räume bringst (oder bringen könntest). Ein Lächeln im richtigen Moment, ein aufmunterndes Wort können für eine andere Person buchstäblich alles verändern. Und warum sollten Arbeitsplätze nicht auch dafür da sein?

Was könntest du an deiner momentanen Arbeitssituation verbessern?

Was möchtest du beruflich gern noch ausleben/weiterentwickeln?

Da wir heute einfach keine Sicherheiten mehr haben – vor allem nicht im Beruflichen –, finde ich auch solche Listen wertvoll. Nimm sie dir am besten an einem Tag mit guter Stimmung vor, dann ist der Geist weiter und es denkt sich kreativer. Und wann immer dir im Alltag etwas begegnet, was hierhin passt, kannst du es ergänzen. Vielleicht wirst du staunen, wie viel letztlich doch zusammenkommt. Auch wenn du vielleicht nie Gebrauch davon machen wirst, es ist gut zu wissen, wie viele Möglichkeiten es gibt.

Welche Alternativen zum aktuellen Job gibt es?

Welche Schritte könntest du unternehmen, wenn du den Job verlieren würdest?

Beide passen natürlich ebenso für Mütter für den Zeitpunkt, wenn sie wieder ins Berufsleben zurückwollen, weil die Kinder aus dem Haus oder aus dem Gröbsten raus sind.

Wenn eine Tätigkeit gelingt, ist das sehr befriedigend. Das Gelingen aber lässt sich nicht erzwingen. Dennoch hat jeder so seine Parameter, die es befördern. Ein meditativer Moment, bevor du beginnst, vielleicht? Ein aufgeräumter Schreibtisch? Eine Gassirunde um den Block? Ein Kurzzeitwecker, der ein Zeitfenster voller Konzentration markiert? Wenn du sie kennst, kannst du dafür sorgen, dass sie möglichst oft vorhanden sind – und umso öfter wird dein Tun erfüllend.

Wann, wie, durch welche Umstände bist du besonders produktiv oder kreativ?

Und auch diese Liste hier kann dir in bestimmten Momenten sehr wichtig sein und dir Potenzial offenbaren:

Was ist gut am Älterwerden?

Mensch unter Menschen

Glück, darin sind sich alle professionellen und privaten Glücksforscher einig, hängt ganz stark von unseren Beziehungen zu anderen ab: zum Partner, zur Familie, zu Freunden, Kollegen, Nachbarn, für viele ganz sicher auch zu Haustieren, zu bestimmten Bäumen oder Landstrichen, der Natur. Eine Menge Glückspotenzial also, dem du dich hier auf deine Weise nähern kannst.

Das Glück der Verbundenheit

Verbundenheit kann die unterschiedlichsten Gesichter haben. Wie zeigt sie sich in deinem Leben?

Wo fühlst du dich innig verbunden, aufs Beste eingebunden?

Hier brauchst du sicher ganz viel Platz:

Was ist gut, toll, wunderbar an den Menschen, die dir nahestehen?

Die innigsten Momente mit einem anderen Menschen, an die du dich erinnerst

Die schönsten Momente als Familie

Wie zeigen deine Liebsten typischerweise ihre Freude, ihr Glück?

- *Du selbst*

- *Dein Partner*

- *Deine Tochter, dein Sohn*

- *Deine beste Freundin*

- *Andere Freunde*

- *Deine Mutter, dein Vater, deine Geschwister*

- …

Wenn es Worte dafür gibt: Was bedeuten dir deine Liebsten?

Ob du die folgende Seite für deine Familie ausfüllst, deine Partnerschaft, eine Freundschaft oder auch den Kollegenkreis – sie kann dir/euch viel bewusst machen und sogar als Agenda für die kommende Zeit dienen.

Was tut unserem Miteinander, unserer Verbundenheit gut?

Berührende kleine Begegnungen (auch mit »Fremden«)

Was bringt dich am leichtesten in einen schönen Kontakt zu anderen?

Auch hier gilt: Weißt du um diese Dinge, kannst du sie aktiv in dein Leben holen. Meist sind sie ganz einfach (wenn auch zugegebenermaßen nicht immer einfach im Alltag umzusetzen): so weit entschleunigen, dass die anderen als Menschen wahrnehmbar werden, das Herz öffnen, lächeln, ein paar nette Worte …

Empathie und Mitgefühl, das sind sicher die zentralen Begriffe für jedes gelingende Miteinander. Den anderen Menschen wahrnehmen, sein Sosein erspüren, ihm zuhören, sich interessiert für ihn öffnen und sich im Herzen von seinen Freuden und Leiden berühren lassen – so kann wirkliche Begegnung passieren.

Mitgefühl – nicht zu verwechseln mit Mitleid – ist eine Qualität, die im Buddhismus seit Jahrtausenden aktiv in einer Meditation geschult wird. Dabei öffnet sich das Herz für die Bürden, die man selbst und andere im Leben tragen, und man sendet den Wunsch aus: »Mögest du von Mitgefühl getragen sein. Möge dein Leid gelindert werden.« Und obwohl man sich dabei bewusst mit dem Schmerz eines anderen (oder auch der eigenen Person) konfrontiert, macht diese Meditationspraxis glücklich. Nachweislich. Denn auch die moderne, speziell die Positive Psychologie hat diese uralte Praxis für sich entdeckt. Man weiß heute, dass mitfühlende Gedanken zu positiven Gefühlen führen und die wiederum zu mehr Mitgefühl. Zahlreiche Untersuchungen bestätigen, dass Menschen, die über ein paar Wochen täglich eine Mitgefühlsmeditation praktizieren, in ihrem Leben auffallend mehr positive Gefühle erleben und damit – Stichwort 3:1 – beginnen aufzublühen. Howard C. Cutler beschreibt in seinen mit dem Dalai Lama gemeinsam erarbeiteten »Regeln des Glücks« ein Experiment, bei dem Menschen, die an einem Tag pro Woche fünf »kleine Akte gütiger Zuwendung« unternahmen, nach sechs Wochen deutlich glücklicher und zufriedener waren als eine Vergleichsgruppe, die das nicht tat.

Wahrscheinlich weißt du das längst: Gutes tun fühlt sich gut an. Aber es wissenschaftlich bewiesen zu wissen, verstärkt sicher noch mal die Motivation, dieses Wissen auch anzuwenden.

An welche Momente erinnerst du dich, wo du voller Mitgefühl für jemanden warst?

Kannst du es neu empfinden? Und dabei auch wahrnehmen, dass neben dem Spüren des Leids der anderen Person ein Gefühl von tiefem Frieden, von Freude über das tiefe Empfinden und die Verbundenheit da ist? Ein eigentümliches, leises Glücksgefühl?

In welchen Momenten hast du das Mitgefühl anderer als stärkend oder tröstend erlebt?

An welche Momente des Mitgefühls für dich selbst erinnerst du dich?

Wo haben dich andere positiv überrascht und deine Vorurteile entlarvt?

Womit könntest du in nächster Zeit anderen eine Freude machen?

Wie wäre es mit einem Blumenstrauß für eine Kollegin? Einer Danke-Postkarte für einen Freund? Dem Angebot an eine alte, etwas einsame Dame, jederzeit bei dir anrufen zu können, wenn sie Hilfe braucht? Oder einem kleinen »Willkommen zurück!«-Körbchen voller leckerer Dinge, den du rechtzeitig vor die Tür von aus dem Urlaub zurückkommenden Nachbarn stellst?

Inspiration von Mensch zu Mensch

Mitmenschen – das sind auch Dichter und Denker, Promis oder längst verstorbene Philosophen. Wie oft fühlen wir uns getröstet, verstanden und berührt, wenn wir etwas Kluges von einem weisen Menschen lesen? Sammeln wir die persönlichen Favoriten solcher Zitate, können sie uns jederzeit bereichern. Und wer weiß: Vielleicht färbt die Weisheit anderer, mit der wir uns ab und an befassen, ja ein wenig auf uns ab.

Lieblingszitate und -sprüche

»Immer die kleinen Freuden aufpicken,
bis das große Glück kommt.
Und wenn es nicht kommt,
dann hat man wenigstens die kleinen Glücke gehabt.«

THEODOR FONTANE

»Wer ständig glücklich sein möchte, muss sich oft verändern.«

KONFUZIUS

»Monde und Jahre vergehen
und sind immer vergangen,
aber ein schöner Moment
leuchtet das ganze Leben hindurch.«

FRANZ GRILLPARZER

»Ich glaube, dass Glück
durch die Schulung des Geistes erlangt werden kann.»

SEINE HEILIGKEIT, DER DALAI LAMA

Das Schöne ist: Wir Menschen sind alle miteinander verbunden. Auch die größten Geister der Geschichte kamen nicht isoliert vom Rest der Welt zu ihren Einsichten. Und so, wie sie von anderen Menschen und allem Geschehen um sie herum beeinflusst waren, so inspirieren und bestärken sie uns heute. Was oft auch bedeuten kann, dass sie uns mit ihrer anderen Sicht auf die Welt zunächst irritieren und beunruhigen. Doch sie stoßen etwas in uns an, was im besten Fall zu neuen eigenen Einsichten, Maximen, ja, Weisheiten führt.

Für all die Erkenntnisse, die dir das Leben bislang geschenkt hat und dir in der nächsten Zeit schenken wird, ist hier sicherlich kein Platz. Aber einen Anfang kannst du auf den folgenden Seiten machen, damit du die schönsten Früchte deiner Wachstumsprozesse nicht wieder vergisst. Ich habe mir erlaubt, ein paar meiner »Lieblingserleuchtungen« schon mal hinzuschreiben. Im besten Fall inspirieren sie dich, dich an deine eigenen zu erinnern.

Deine wertvollsten Erkenntnisse

»Man schafft heutzutage nie alles,
was man sich für den Tag vorgenommen hat.
Bevor man es also gestresst jeden Morgen neu versucht,
ist es wohl besser, sich daran zu gewöhnen
und damit entspannt zu sein.«

»Erst nach dem Verblühen reifen die Früchte heran. Warum nicht auch bei mir?«

Welche Werte sind dir wichtig, vielleicht sogar heilig?

Ob du sie persönlich kennst, nur vom Erzählen oder aus den Medien – wer dir innerlich verwandt ist, kann dir eine Stütze sein und in dir so ein Gefühl auslösen: »Wow, dieser Mensch ist gut! Ich bin froh, dass er auch gerade auf der Welt ist.«

Wer vertritt ebenfalls deine Werte und ist dir damit verwandt?

Welche Vorbilder schätzt du aus Geschichte, Gegenwart, deinem Umfeld?

Welchen Menschen aus Geschichte oder Gegenwart würdest du gern einmal persönlich begegnen?

Wenn du realisieren musst, dass du diesen Menschen sicher niemals persönlich begegnen wirst (weil sie vielleicht schon tot oder »zu berühmt« sind), macht das wahrscheinlich nicht unbedingt glücklich. Wohl aber das Gefühl der inneren Verwandtschaft, der ehrlichen Verehrung oder der Freude darüber, dass es solche nach deinen Maßstäben »großen« Menschen gibt.

In der Psychologie gibt es den Begriff der Leitbildspiegelung, der darauf beruht, dass die Eigenschaften, die wir an anderen bewundern, auch in uns selbst schlummern und erweckt werden wollen.

Welche der Qualitäten deiner Vorbilder würdest du selbst gern verwirklichen?

Worin bist du ein Vorbild für andere?

Worin könntest du noch zum Vorbild für andere werden?

Architektur, Musik, Malerei, Theater oder auch alltagspraktische Erfindungen – es gibt vieles, was die Menschheit kreiert hat, was uns das Leben erleichtert oder sogar tiefe Freude, Heilung und Glück auslösen kann.

Welche Kulturgüter machen dich glücklich?

Glück – und Sinnhaftigkeit

Sinn ist wichtiger als Glück, heißt es oft. Man könnte aber auch sagen: Sinn zu erleben, macht glücklich. Er vermittelt uns eine ungeheure Kraft, die uns fast alles erreichen oder überstehen lässt. Er gibt uns Zielorientierung und bündelt unsere Energien. Sind wir im Zweifel, erleben wir das Gegenteil von Sinnhaftigkeit. In dem Wort steckt »zwei«, eine Spaltung, die Zersplitterung der Kräfte, die nicht mehr auf ein Ziel hin wirken. Sinn hingegen vereint die Energien.

Das Glück im Sinn

Sinn zu finden ist in der heutigen Zeit nicht einfach. Ist doch sehr vieles nicht so, wie es scheint, und erleben wir dadurch so oft Enttäuschungen. Mehr leisten, mehr erreichen, sich mehr gönnen – das wird uns nicht selten als Sinn des Lebens angepriesen. Aber wir haben längst gemerkt, dass das nur sehr begrenzt stimmt. Dass es uns nämlich vor allem stresst und endlos weiter antreibt, ohne uns je ein Gefühl des zufriedenen, erfüllten Ankommens zu schenken.

Was aber schenkt uns ein Gefühl von Sinnhaftigkeit? Wieder einmal ist es also deine Aufgabe, selbst herauszufinden, was dir sinnhaft erscheint, was deinem Leben Sinn gibt. Die folgenden Seiten möchten dir dafür ein paar Anregungen geben.

Was möchtest du am Ende deines Lebens im Rückblick denken und empfinden?

In welchen Momenten empfindest du dich und dein Leben als absolut stimmig?

Oft ist es auch hilfreich, sich dem Lebenssinn über Teilaspekte des Daseins zu nähern. Wenn du davon ausgehen könntest, dass das Leben es gut meint und alles letztlich einem guten Zweck dient:

Welchen Sinn kannst du entdecken in …

- *… deiner Art des Familien- oder Nicht-Familienlebens?*

- *… den entscheidenden Etappen deines bisherigen Lebenslaufes?*

- *… deinen aktuellen Lebensumständen?*

- *… deiner Arbeit?*

- *… bestimmten »Mankos« (weil du dich zu dick / zu dünn / zu klein / zu groß findest oder deinen Traumberuf nicht ausüben kannst)?*

Die versteckten Gaben deiner Krisen

Sinn können wir oft erst im Rückblick auf etwas erkennen. Das gilt insbesondere für die Fehlschläge in unserem Leben. Es wäre übertrieben zu behaupten, dass ich mich auf eine nächste Krise freue – aber ich habe früherem Schmerz, Situationen des schwierigen Ringens sehr viel zu verdanken. Weiterentwicklung sicherlich, ein Gefühl der Dankbarkeit dem Leben, den höheren Kräften gegenüber, von denen ich mich oftmals getragen und geleitet fühlte. Und eine ganz eigene Form der Nähe zu mir selbst, der Wertschätzung dafür, dass ich für mich da bin und dass ich kämpfe – leise vielleicht und äußerlich kaum zu bemerken, aber unablässig lösungsorientiert. Denn ich wollte und will, dass es weitergeht und dass da wieder Glück ist.

Kennst du das von dir in ähnlicher Weise? Glück, das kann auch ein Weg zu uns selbst sein, das unbeirrte Lernen der anstehenden Lektionen. Das »Gesamtprojekt Leben« erhält mit unseren Erfahrungen auf diesem Weg immer mehr Sinn.

Was hast du bereits durchgestanden und trotz Gegenwind gemeistert?

Wir bekommen nicht immer das, was wir uns wünschen – und oft ist genau das ein Glück. Das aber lässt sich meist erst später, oft viel später erkennen. Für den Moment meinen wir, unser gesamtes Glück, ach was, unser Leben hängt an dieser einen Prüfung, an diesem einen Mann, an diesem einen Job. Dass es das nicht tut, offenbart sich mit der Zeit von allein – und nicht selten hat etwas viel Besseres, weil viel besser zu uns Passendes nur darauf gewartet, in unser Leben zu treten und von uns angenommen zu werden. Kennst du solche Erfahrungen?

Wofür war ein Scheitern am Ende gut?

Welche schwierigen Phasen kannst du im Rückblick als Wachstumsaufgabe sehen?

Schwierige Zeiten sind schwierig – der Name sagt es und daran gibt es nichts zu rütteln. Niemand erlebt sie gern und es ist sinnvoll, ihnen nach Kräften vorzubeugen. Dennoch passieren sie jedem von uns. Und es lohnt sich, auf die Suche nach den darin verborgenen Schätzen zu gehen. Sie können ganz unscheinbar sein. So bringt eine plötzlich hereinbrechende schlechte Nachricht oftmals eine Stille mit sich, die etwas geradezu Heiliges hat. Kennst du diesen Moment? Zuerst warst du möglicherweise noch aufgedreht, ganz im Alltagsgeschehen und in deinen Sorgen und Gedanken – und nun sitzt du da, überrascht, stumm, reglos. Und da ist eine alles umfassende Stille. Kein Gedanke, keine Regung. Etwas ungeheuer Großes, nicht zum Alltäglichen Gehörendes hat dich ergriffen. Was auch immer die Nachricht war und welcher Schmerz ihr vielleicht noch folgen wird – dieser Moment ist kostbar und hat auf eine gewisse Weise seine eigene Schönheit.

Eine schlimme Krise kann auch Verbundenheit schaffen. Wir können nicht mehr anders, als uns in unserer Verletztheit zu zeigen, und erleben vielleicht, damit von Nahestehenden angenommen zu werden. Eine Nähe entsteht, die zuvor nicht da war. Oder wir lernen etwas über uns und entwickeln eine neue Stärke, die uns im weiteren Leben hilft. Nicht zu vergessen die vielen Kunstwerke, die aus einem geradezu existenziellen Ringen heraus entstanden sind, aus einem wirklichen Leiden und Beinahe-Verzweifeln ihrer Schöpfer. Und natürlich kann auch eine Verbindung zum wie auch immer erfahrenen Göttlichen durch eine Krise entstehen.

Welche Geschenke haben dir deine Krisen gebracht?

Vielleicht willst du auch einmal an deine bislang dunkelste Zeit zurückdenken und sie daraufhin untersuchen: Was hat es dir letzten Endes und gänzlich unerwartet an Gutem gebracht? Neben dem, dass du überlebt hast und heute an einer anderen Stelle in deinem Leben stehst. Welche Stärken hat sie dir bewusst gemacht? Möglicherweise hat sie dir ein neues Vertrauen ins Leben gegeben? Oder Vertraute? Lass dir Zeit, es zu entdecken.

Das kostbare Geschenk deiner bislang größten Krise

Wofür schätzt du dich speziell in Krisen?

Diese Liste kann etwas Zeit erfordern, aber dann hast du ein wertvolles Hilfsmittel in deinem Werkzeugkasten. Sie zeigt dir schwarz auf weiß, worauf du dich bei dir selbst verlassen kannst, wenn dich sonst für den Moment so ziemlich alles verlassen zu haben scheint. Welche Qualitäten kommen bei dir gerade inmitten von Schwierigkeiten zum Vorschein? Besonnenheit vielleicht? Unbedingte Geradlinigkeit? Ein messerscharfer Verstand? Die Freiheit, hemmungslos alles herauszuheulen, um dann gereinigt und klar nach dem nächsten Schritt zu schauen?

Die Geschenke deiner vermeintlichen Mängel

Wie ist diese Seite gemeint? Ich kam darauf, als ich darüber las, wie introvertiert und schüchtern der junge »Nerd« Steve Wozniak war, bevor er als Mitbegründer von Apple zu einem der einflussreichsten Menschen auf der Erde wurde. Introvertiertheit – nicht gerade eine hoch angesehene Qualität in Amerika. Ihm aber brachte sie die nötige Ausdauer beim nächtelangen Tüfteln an seinem ersten PC. Und so ist es mit vielem, was als Nachteil angesehen wird, aber auch ein Vorteil sein kann oder zumindest ein Geschenk enthält, das enthüllt werden möchte. Durch eine körperliche Einschränkung entwickelt jemand vielleicht eine besonders reiche Fantasie oder ergreift einen Beruf, den er niemals wollte, der aber mit der Zeit sein wahres Talent freilegt. Kennst du so etwas bei dir?

Hier ist nun auch der richtige Platz für eine Übung, die ich von meiner lieben Freundin Vera Griebert-Schröder übernehmen darf: 21 Gründe für Dankbarkeit. Wofür bist du dankbar? Jetzt im Augenblick? Und insgesamt, wenn du auf dein Leben schaust?

21 Gründe für Dankbarkeit

Dankbarkeit übrigens wird als etwas sehr Wesentliches für ein erfülltes Leben angesehen. Das wird schon allein dadurch deutlich, dass sie sich gut anfühlt, dass sie das Herz öffnet und eine Haltung befördert, aus der heraus wir auch anderen Gutes tun wollen. Dem Unterbewusstsein signalisiert das Gefühl der Dankbarkeit – auch wenn der Anlass gar nicht aktuell ist –, dass es gut läuft. Denn wie sonst hätten wir Anlass zu danken? Und so stellt es sich komplett auf das Gute ein, das Dank verdient.

Hast du überhaupt Zeit für Glück?

Auf den ersten Blick eine vielleicht seltsame Frage. Aus meiner Erfahrung aber ist es so, dass ich mich sofort freudig, glücklich fühle, wenn eine Stressphase endet, wenn ich wieder durchatmen und entspannen kann. Dann habe ich oft das Gefühl, dass das wahre Glück einfach darin liegt, sich selbst zu spüren und ganz eins mit dem Augenblick zu sein, geborgen im Leben, so wie es jetzt gerade ist.

Der Dalai Lama geht davon aus, dass Emotionen wie Hass, Zorn oder Aggression meist erst dann auftreten, wenn unsere Grundbedürfnisse nicht erfüllt sind. Dazu gehört auch das nach ausreichend Freiraum zur Entfaltung und das nach freundlicher Zuwendung (vor allem von sich selbst). Können wir hier nicht gut genug für uns sorgen, wird unsere Grundnatur der Offenheit, der Güte, der Freude von negativen Empfindungen verdeckt. Entspannung, inneres Weiten und die mitfühlende Verbundenheit mit uns selbst und anderen können uns also zu unserer inneren Glücksnatur führen. Und zum »seligen« Grundzustand unseres Hirns.

Letztlich können wohl wirklich nur mit einem offenen Herzen gute Gefühle wahrgenommen werden – und sie verstärken dann wiederum die innere Offenheit. Dafür sind Momente des Innehaltens unerlässlich. Mitten im Hasten durch den Alltag, von einem Termin zum anderen, einer Erledigung zur nächsten ist das kaum möglich. Entspannen wir uns regelmäßig, führt das übrigens auch zu einer Verstärkung des Sicherheitsempfindens, das als eine Bedingung für Glücksgefühle gilt (siehe Seite 190).

Die Gegenmittel zu Stress und Anspannung sind vielfältig. Welche kennst du? Welche funktionieren bei dir am besten?

Was lässt dich am ehesten entspannen?

Woran möchtest du dich selbst in Stresszeiten erinnern?

Wie kannst du dir im Alltag mehr Momente der Muße schenken?

Wobei geht dir das Herz auf?

Momente des Innehaltens können uns sehr viel Kraft geben. Außerdem neue Impulse, neue Ideen. Um das zu erleben, kannst du auch Folgendes ausprobieren: Wenn du in einer Sache nicht weiterkommst, hör auf, dich weiter abzumühen. Setz dich irgendwo ungestört hin, halte inne, werde im Körper und im Geist ruhig. Halte gewissermaßen deine Welt an. Atme ein paarmal durch und lass in dir die Frage entstehen: »Was ist jetzt sinnvoll?« Oder: »Wie geht es jetzt am besten weiter?« Und dann lausche, was passiert. Jetzt oder ein wenig später. Nimm wahr, ob du eine Antwort erhältst, ob dir eine Idee in den Sinn kommt, ein paar Worte, ein Song vielleicht oder ein Bild. Lass die Intuition wirken. Und spüre auch, wenn diese Übung denn gelungen ist, mit welchen Gefühlen sie dich zusätzlich beschenkt.

An welche Momente der Inspiration erinnerst du dich?

Momente, in denen das Glück dich fand

Wann, wobei warst du voll und ganz du selbst?

Eine der für mich heiligsten Fragen möchte ich dir ebenfalls gern mit auf den Weg geben. Wenn ich in der Verfassung bin, sie in mein Inneres hinein zu stellen, dann bin ich ganz sicher entspannt, bei mir und in großer Offenheit für Inspiration und Intuition. Schon oft zeigte mir diese Frage eine notwendige Veränderung an oder aber gab mir das schöne Gefühl, dass derzeit alles stimmig ist und ich im Sinne meines Herzens, also meiner Liebe und meiner tieferen Wahrheit lebe. Dann nämlich, wenn das Herz antwortete: »Genau so, wie es gerade ist, so will ich leben.« Vielleicht findest du einen Moment, in dem du diese Frage stellen möchtest.

»Mein Herz, wie willst du leben?«

Das Geschenk der Achtsamkeit

Sinn können wir uns über Gedanken vermitteln, über Worte, die uns erklären, warum etwas seinen tieferen Grund hat. Es gibt aber noch eine weitere Ebene. Es ist die unmittelbare sinnliche Erfahrung dessen, was gerade geschieht, die präsente Aufmerksamkeit im jetzigen Moment. Sind wir wirklich vollkommen wach und achtsam im Jetzt, gibt es keine Gedanken. Wir erfahren eine innere Stille, auch wenn es um uns herum laut und hektisch ist. Dieses Erleben, und sei es nur für Sekunden, macht uns auf eine ganz besondere Weise glücklich. Und wir erleben einen höheren Sinn – oder besser gesagt: Die Frage nach dem Sinn ist verschwunden. Alles ist, wie es ist, und lässt uns ehrfürchtig staunen.

Von solchen Momenten werden wir im Leben manchmal überrascht. Ich erlebte so einen Glücksfall einmal im Herbst in meiner Wohnung. Ich ging – mitten in Alltagsgedanken und -tätigkeiten gefangen – ins Nebenzimmer. Noch auf der Schwelle stehend sah ich, dass sich ein junger Turmfalke außen auf den Fenstersims gesetzt hatte. Er war etwas zerzaust vom Sturm und schien sich dort auszuruhen. Er hatte mich noch nicht gesehen, also ging ich ein paar Schritte zurück, sodass ich ihn noch sehen konnte, aber nicht störte – und staunte andächtig. Alles war still und ich empfand diese Minuten, die ich dort stand, als geradezu heilig. So nah an einem so wunderschönen Tier zu sein. Das war ein Geschenk, das keinerlei Gedanken nötig machte, sie einfach nicht aufkommen ließ. Stille. Präsenz im Moment. Irgendwann machte ich die Tür leise wieder zu, damit der Vogel in Ruhe rasten konnte – und war für den Rest des Tages glücklich.

Ich merkte auch, dass es mir manchmal gelang, in der Erinnerung an diesen Moment erneut diese heilige Stille in mir wachzurufen. Darum finde ich die folgende Liste sinnvoll, in die du Erinnerungen an ähnliche Momente eintragen kannst.

Momente, in denen du ehrfürchtig staunend die Heiligkeit des Jetzt erlebtest

Momente, in denen du wusstest, dass es etwas »Höheres« gibt

Dem Göttlichen entgegengehen

Es ist eine Gnade, vom Leben in die vollkommene Wachheit gezogen zu werden. Zugleich gibt es seit Jahrtausenden Wege, über die sich Menschen das Erleben dieser Gnade wahrscheinlicher zu machen versuchten. Die Achtsamkeitsmeditation des Buddhismus – heute in den vielfältigsten Ausprägungen gelehrt – ist wohl das bekannteste Beispiel dafür. Die Aufmerksamkeit wird regelmäßig geschult, um sich ganz dem zu öffnen, was im Moment tatsächlich geschieht. Alle Phänomene inklusive unserer Gedanken werden dabei als Erscheinungen erkannt, die kommen und gehen. Was bleibt, ist allein die Präsenz, das reine Bewusstsein.

Und das macht tatsächlich glücklich. Wir spüren es sofort, wenn wir einen solchen Moment erleben. Es wirkt aber auch langfristig – bringt uns also in eine enorme Aufwärtsspirale. In zahlreichen wissenschaftlichen Untersuchungen zeigten erfahrene buddhistische Mönche – also Menschen, die seit Jahrzehnten täglich acht oder mehr Stunden meditierten – die mit Abstand höchsten Werte an Glück und Zufriedenheit. Auch das Maß an Herzenswärme und Liebe ist bei ihnen außergewöhnlich hoch. Wieder zeigt sich, dass diese Qualitäten entwickelt werden können. Mitgefühl, Achtsamkeit, Präsenz im gegenwärtigen Moment sind die Schlüssel dazu.

Mehrstündige Meditationen wird allerdings kaum jemand von uns in seinem Alltag unterbringen können und die allermeisten werden es auch nicht wollen. Doch ein bisschen Praxis in dieser Richtung hilft bereits viel – wie auch Studien der Positiven Psychologie zeigen, die neben der beschriebenen Mitgefühls- auch eine Achtsamkeitsmeditation bei Menschen ausprobierten, die nach wenigen Wochen eine erhöhte »Glücksrate« aufwiesen. Wer seine Achtsamkeit schult, wird also sofort mit Momenten der

Erfüllung belohnt und wird im weiteren Leben solche Momente zugleich immer häufiger erleben. Er nimmt sie wahr, wenn sie sich bieten, und befreit sich nach und nach aus dem gewohnheitsmäßigen Denken und Handeln. Eine wachsende Ruhe des Geistes stellt sich ein, die viel Raum für das Erleben dessen lässt, was tatsächlich ist: Atem, Lebendigkeit, Phänomene, die auftauchen und wieder verschwinden.

Was hat dir in deinem Leben schon den Zugang zum Jetzt eröffnet? Für viele Menschen sind es Naturerfahrungen. Für mich gehört in die folgende Liste beispielsweise unbedingt das Sitzen an einem Seeufer und das Schauen auf das Wasser. Eine meiner liebsten »Tätigkeiten«, sobald ich Zeit dafür habe. Auch das Laufen in Barfußschuhen über Stock und Stein schärft meine Achtsamkeit enorm. Was ist es für dich?

Was lässt dich achtsam werden?

Auch Übungswege oder einzelne Techniken aus alten Traditionen oder von zeitgenössischen Lehrern gehören natürlich hierhin. Welche kennst du bereits? Welche funktionieren bei dir besonders gut? Welche würdest du gern einmal ausprobieren?

Welche spirituelle Praxis bringt dich zum achtsamen Erleben des Jetzt?

Glück jenseits der Umstände

Ich hatte schon den Glückseligkeitskörper erwähnt, von dem in der Yogatradition gesprochen wird. Er ist immer da. Unberührt von den Wechselfällen des Lebens und vom Auf und Ab unserer Stimmungen. Dass wir ihn für gewöhnlich nicht wahrnehmen, liegt daran, dass er von den Ereignissen des Alltags überdeckt wird. Unsere Aufmerksamkeit liegt auf den ständig sich verändernden Umständen und nicht in der Tiefe unseres wahren Seins. Für den Alltag ist das auch sinnvoll. Doch wenn wir uns immer wieder Augenblicke verschaffen können, in denen wir die Glückseligkeit des puren Seins, des reinen Bewusstseins erfahren können, dann können wir eine neue Dimension von Glück erreichen. Eine nämlich, die unabhängig von den äußeren Ereignissen ist.

Die äußerlich vermittelten Freuden sind davon abhängig, dass die geeigneten Umstände eintreffen oder herbeigeführt werden können. Gibt es heute den Lieblingskuchen im Café? Hat der Partner gute Laune? Finden sich die Zeit und die Ruhe zum Meditieren? Nein? Dennoch ist es möglich, das Schimmern des Glücks in der Tiefe unseres Inneren wahrzunehmen. Für einen kleinen Moment vielleicht nur. Doch das reicht aus, um sich davon erfüllen zu lassen. Jeder Augenblick hat das Potenzial, zu etwas Heiligem zu werden. Oder besser: uns seine Heiligkeit zu offenbaren.

Erinnerst du dich an Schönheiten von eigentlich schweren Momenten?

Hier könnten die vielfältigsten Antworten kommen. Lausche in dich hinein, wenn du möchtest. Vielleicht hat dir ein Moment, der dir ausweglos erschien, völlig unerwartet einen Zugang zum Beten eröffnet. Oder dazu, dich einem anderen Menschen in all deiner Verletzlichkeit anzuvertrauen. Und das Ergebnis war eine tiefe Berührtheit, ein Glück, das in dieser Situation eigentlich gar nicht hätte da sein »dürfen«.

Deine »heiligen Momente«, in denen du dich dem Göttlichen ganz nah gefühlt hast

Hast du Lust, mal einen Gedanken auszuprobieren, der in deinem Leben viel verändern könnte? Stell dir einmal vor, dass es das Leben in allem, was geschieht, gut mit dir meint. Alle schönen Seiten hat es dir geschenkt, aber auch alle Krisen, einfach, weil du nur daran weiterwachsen, dich entwickeln und deine Potenziale zum Leben erwecken konntest.

Aber stimmt das tatsächlich? Für alles, was in deinem Leben, im Leben deiner Lieben und auf der Welt geschieht? Geh dieser Frage nach – in einem stillen Moment oder vielleicht auch über einen längeren Zeitraum. Was wäre, wenn die Götter, der Schöpfer, das Universum, das Leben gütig und liebevoll wären und in allem, was geschieht, nur unser Bestes im Blick hätten? Wie würdest du dann auf dein Leben schauen?

Auch auf der kollektiven Ebene kann es etwas in unserem Bewusstsein verändern, wenn wir mit dem Gedanken spielen, dass alles im Sinne der Weiterentwicklung des Ganzen geschehen könnte. Dann hätten all die schmerzhaften Erfahrungen das Ziel, uns zum Aufwachen zu bringen. Aus ihnen heraus wurden jene Techniken und Wege entwickelt, die uns heilen, die uns trösten, die uns an unser liebevolles, gütiges Potenzial heranführen. Vielleicht hat uns ja das, was die Menschheit bislang auf leidvolle Weise durchmachen musste und bis heute durchmacht, auch dazu geführt, zu erkennen: Wir gehören untrennbar zusammen. Wenn ich mich dafür einsetze, glücklich zu sein und grundlegende menschliche Werte wie Mitgefühl und Friedfertigkeit zu entwickeln, dann wird es allen besser gehen. Also gehe ich den ersten Schritt. Und dann den nächsten ... Vielleicht hast du Lust, mit solchen Gedanken zu experimentieren. Es ist eine Herausforderung. Aber wer weiß, was dir daraus entsteht.

Was wäre, wenn es das Leben ausnahmslos gut mit dir meint? Was wäre anders?

Was wäre, wenn es das Leben mit uns als Menschheit ausnahmslos gut meint?

Lass dein Leben erblühen

Ein Buch voller persönlicher Glücksmomente und lockendem Potenzial – das allein ist schon wundervoll, beflügelnd und stärkend. Wie du diesen Schatz noch intensiver nutzen kannst, möchte ich dir hier zeigen. Außerdem kannst du dir eine Art Erste-Hilfe-Werkzeugkasten anlegen – für Krisenmomente und plötzliche schlechte Stimmungen.

Täglich fünf Minuten für dein Glück

Es sind die täglichen und alltäglichen Gefühle, die den Verlauf unseres Lebens bestimmen. Nicht so sehr die großen Einschnitte und das riesenhaft Überwältigende. Es gibt sogar Untersuchungsergebnisse, nach denen sowohl Lottogewinner also auch Menschen, die seit einem Unfall auf den Rollstuhl angewiesen sind, nach etwa einem Jahr weitgehend wieder auf dem Glücksniveau angekommen sind, das sie vorher hatten. Weder hatte der Reichtum die einen glücklicher gemacht noch der Verlust der Gesundheit die anderen unglücklicher. Erstaunlich, oder?

Heißt das dann doch, dass wir immer auf dem quasi angeborenen Niveau an Glück bleiben werden? Nein. Die zahlreichen Experimente der Positiven Psychologie belegen eindeutig, dass Erblühen oder Welken möglich sind – Stichwort 3:1. Wer dreimal (oder mehr) so viele positive Gefühle erlebt wie negative, der entfaltet sich in Richtung Glück – eben über die alltäglich erlebten Empfindungen. Das Beste, was man tun kann, ist also, die Zahl der Glücksmomente zu erhöhen. Und sich eine Sammlung davon anzulegen, die als Anker dient – so wie dieses Buch, das mittlerweile vielleicht schon zu deiner persönlichen Schatztruhe geworden ist.

Ein anderer Baustein, den auch die Positiv-Psychologin Barbara Fredrickson sehr befürwortet und in vielen Untersuchungen auf seine Wirksamkeit hin geprüft hat, ist wie bereits erwähnt die Kraft des Mitgefühls. Sie lässt sich am besten in der Mitgefühlsmeditation, die der Buddhismus entwickelt hat, einüben. Du findest sie in zahlreichen Büchern und auf CDs (beispielsweise von Jack Kornfield), auf denen die Übung gesprochen wird, sodass du einfach mitüben kannst.

Noch mehr Tiefenwirkung – bis ins Gehirn

Auch die Hirnforschung bestätigt die Möglichkeit, glücklicher zu werden. Denn alle Empfindungen wirken sich auch auf das Gehirn aus. Positive Gedanken und Gefühle gehen mit der Aktivität bestimmter Hirnbereiche einher und bei entsprechend häufiger Aktivierung werden diese umso stärker und damit umso intensiver einsatzfähig. Stichwort Neuroplastizität: die lebenslange Fähigkeit unseres Gehirns, sich so umzubauen, wie es nötig ist. Was gebraucht wird – also häufig genutzt – wird ausgebaut, es entwickelt sich weiter. Was nicht gebraucht wird, schrumpft mit der Zeit weg.

Es ist ein bisschen wie bei einem Muskel – könnte man meinen. Doch, wie insbesondere der bereits erwähnte Neurobiologe Gerald Hüther nicht müde wird zu betonen: Es funktioniert nicht mechanisch. Übst du irgendetwas rein der Form halber wie ein Automat – dann geschieht nichts. Es braucht einen Düngercocktail aus neuroplastischen Botenstoffen, der nur dann zum Einsatz kommt, wenn Gefühle dabei sind. Begeisterung, Freude, durchaus auch Herausforderung, ein offenes Herz – sie sorgen dafür, dass im Gehirn genau in den Bereichen neue Neuronenverbindungen aufgebaut werden, die in dem Moment aktiv sind. Es geht dann immer leichter, entsprechend zu handeln und zu erleben. Die Lerneffekte sind enorm: Was du mit Begeisterung tust, darin wirst du schnell immer besser. Und angenehme Gefühle hast du dabei sowieso.

Selbst unsere Gene reagieren auf all die Signale, die wir emotional oder gedanklich aussenden. Sind es positive Signale, vererbt sich das daraus entwickelte Gute an die nächste Zellgeneration weiter. Ein Aufblühen bis auf der Körperebene, die ja, wie wir im Kapitel »Gut für dich selbst« schon festgestellt hatten, ebenfalls nur froh ist, wenn wir gut gestimmt, entspannt, glücklich sind. Sie kann sich dann darum kümmern, das volle in uns angelegte Potenzial zu entfalten, statt immer nur zu reparieren.

Es geht um das Erleben

Der bereits erwähnte Rick Hanson führt seine Beobachtung, dass sich unser Gehirn vor allem um negative Erfahrungen kümmert, zu einer interessanten Schlussfolgerung: Wir müssen unseren grauen Zellen etwas dabei helfen, das Positive ebenfalls intensiv aufzunehmen und zu speichern. Das geht, indem wir uns diesem Positiven zuwenden, es überhaupt bemerken und indem wir es nicht nur als Tatsache wahrnehmen, sondern als Erfahrung. Wir müssen es erleben, fühlen, ganz und gar verinnerlichen.

Was Hanson rät, ist simpel: Wann immer du etwas Angenehmes, Schönes erlebst, spüre es bewusst und mit Genuss für fünf, zehn oder besser zwanzig Sekunden. Je länger die Erfahrung mit allen Sinnen durchlebt wird, desto länger feuern auch all die dazugehörigen Neuronen, die sich dadurch über neue Verbindungen intensiver verdrahten. Du siehst beim Nachhausekommen plötzlich den Vollmond hinter den Wolken hervorkommen. So schön! Du bleibst stehen, hältst kurz inne, nimmst dein Staunen wahr, deine Freude. Du spürst dich da stehen, spürst die stille Schönheit des Augenblicks und verankerst ganz bewusst diese guten Gefühle, dieses kleine Glück des Augenblicks in deinem Körper. Und dann gehst du weiter.

Das Tolle ist, dass es dem Gehirn egal ist, ob die guten Dinge aktuell geschehen, wir uns an sie erinnern oder sogar nur vorstellen. Daraus ergibt sich eine wundervolle Praxis, für die du dieses Buch nutzen kannst.

Deine tägliche Glückskur

- *Wann immer im Alltag etwas Schönes geschieht, du etwas Positives erfährst, nimm es wirklich wahr und spüre die guten Gefühle für fünf bis zwanzig Sekunden. Je länger, desto besser. Atme das Positive regelrecht in deine Zellen hinein.*

- *Nimm dir möglichst täglich ein paar Minuten Zeit, in denen du dich mit diesem Büchlein hinsetzt. Schreib ein paar Notizen in Listen, die dich gerade ansprechen, und spüre auch dabei tief in dir die Gefühle, die mit den positiven Aussagen verbunden sind. Dankbarkeit, Freude, Berührtheit …*

- *Oder du liest Seiten, die du bereits beschrieben hast, und erweckst dabei erneut die angenehmen Erinnerungen oder Aussichten, die damit verbunden sind. Achte auch dabei auf die Gefühle, die aufsteigen. Genieße deinen Empfindungsreichtum.*

- *Auch die Worte von zufällig aufgeschlagenen Seiten kannst du für deine Glückspraxis nutzen.*

- *Je entspannter du dich bei diesem Nachspüren fühlst, desto besser ist es. Vielleicht möchtest du dich vorab auch bewusst mit ein paar tiefen Atemzügen etwas »runterfahren«, um in deinen Zellen viel Raum für positive Erfahrungen zu schaffen. Weite im Herzen, Weite im Körper.*

- *Wenn du Freude daran hast, kannst du täglich zusätzlich fünf Dinge, die heute gut liefen, notieren (siehe ab Seite 19). So würdigst du diesen Tag und damit dein Leben auf besondere Weise.*

- *Mit einzelnen Listen kannst du eine mehrtägige »Kur« machen, indem du sie dir immer wieder hervorholst und verinnerlichst. Besonders geeignet scheinen mir dafür die Aufzählungen deiner Stärken oder dessen, was du an dir magst und schön findest (siehe ab Seite 50).*

- *Du lernst, der Gehirn- und Körperchemie ab und an einfach mal mehr zu vertrauen als dem Denken. Nutze das auch im Alltag.*

- *Lass dich überraschen, wie sich dein weiteres Leben und dein Alltag mit einer solchen Praxis gestalten.*

Glück braucht Sicherheit

Oje! Wo gibt es denn Sicherheit? Gerade heutzutage, wo sich in rasender Geschwindigkeit alles Denkbare und Undenkbare verändert und wir alle wissen, dass nicht einmal das Überleben der Menschheit sicher ist. Geschweige denn die Gesundheit, der Arbeitsplatz oder das Geld auf der Bank.

Dennoch: Ohne ein gewisses Sicherheitsgefühl können wir kein Glück empfinden und auch keine Liebe – deren Gegenteil oft als Angst beschrieben wird, das Gefühl, das aufkommt, wenn wir uns nicht sicher fühlen, und das vom Wort für »Enge« kommt. Ja, wenn wir uns nicht sicher oder sogar bedroht fühlen, wird es eng – in unserem Denken und in unserem Herzen. Unser Gehirn scannt vorsichtig alles durch, was uns beeinträchtigen könnte. Und davon findet es meist eine ganze Menge.

Aber: Auch Sicherheit ist nichts Absolutes – wir alle wissen, dass wir sterben werden und dass Sicherheit allein schon dadurch nicht möglich ist. Sicherheit könnte daher eher als ein Gefühl angesehen werden, das wie andere Gefühle kommt und geht. Selbst in sehr unsicheren Lebenssituationen ist niemand dauerhaft verunsichert. Immer wieder erlebt er Momente, wo er sich sicher fühlt – oder einfach die Unsicherheit vergisst. Er bestaunt einen plötzlich vorm Fenster stehenden Regenbogen oder trifft auf der Straße einen alten Bekannten und plaudert freudig angeregt mit ihm.

Wenn du dein Sicherheitsgefühl verstärken willst, helfen dir möglicherweise die beiden folgenden Listen als Anregung. Lass sie ruhig ein wenig in dir wirken, sie lassen sich wahrscheinlich von den wenigsten Menschen leicht und rasch ausfüllen. Denke hierbei nicht nur an äußere Dinge, sondern vielleicht auch an innere Orte, an Qualitäten wie Menschenfreundlichkeit oder an die Spiritualität.

Was gibt dir ein Gefühl von Sicherheit?

Wo findest du in unsicheren Zeiten Zuflucht?

Wie mit Leiden umgehen?

Trotz allem Wandel auf dem Weg des Glücks und des Erblühens: Das Leid wird aus dem Leben nie ganz verschwinden. Wie gehen wir damit um? Die Lösung kann nicht sein, es zu verdrängen, zu ignorieren oder zu verdammen. Es gehört dazu wie die Nacht zum Tag. Sie liegt – darin sind sich Positiv-Psychologen wie Barbara Fredrickson und Neuropsychologen wie Rick Hanson einig und es wurde hier schon ausgiebig beschrieben – darin, sich immer wieder neu auf Positives zu fokussieren. Und auf Transzendentes, das über Schwarz und Weiß hinausgeht, wie in der Spiritualität.

Rick Hanson rät auch dazu, gerade erlebtem Negativem etwas Positives an die Seite zu stellen. Das kann durch positive Umdeutungen des Vergangenen passieren – vielleicht erinnerst du dich an die Listen ab Seite 154, in denen es darum ging, die Schätze zu erkennen, die dir aus früheren Krisen erwachsen sind. Oder wir flechten in eine als unangenehm und schwer empfundene Erfahrung etwas als positiv Erlebtes mit ein: Wir schauen eine unserer Lieblingskomödien, machen eine Mitgefühlsmeditation oder bieten unserem Hund oder der Katze ein Spiel an, dem sie nie widerstehen können ... Sicher wird unsere äußere Situation dadurch wahrscheinlich nicht besser. Aber unser ganzes System inklusive Gehirn erfährt für eine Zeit etwas Schönes und Stärkendes. Die helle Seite der Medaille bleibt uns im Bewusstsein und wirkt in unserem Inneren.

Es gibt immer zwei Seiten des Ganzen

Wenn wir uns bewusst darum kümmern, dass der Quotient aus positiven und unangenehmen Empfindungen mindestens 3:1 ist, vermindert sich – wie schon eingangs angedeutet – auch die Angst vor den unschönen Erfahrungen. Wir gewinnen an innerer Stärke, um mit Schmerzhaftem umzugehen und uns nach Krisen wieder aufzurappeln. Als Teil der ganzen Palette an Fühlbarem kann auch das Unangenehme immer mehr angenommen und ebenfalls bewusst durchfühlt werden. Wie ein Phänomen im eigenen Inneren, dem wieder andere Phänomene folgen werden. Unser Herz bleibt offen, unser Geist weit.

Sehen wir es im Sinne des Dalai Lama – Glück ist Pflicht! – als unsere Aufgabe an, Glück in unser Leben und in die Welt zu bringen, dann scheint das ein passender Weg: Wir überwinden das, was uns zweifellos nicht guttut wie Zorn, Neid, Trägheit und so weiter, und kultivieren die wahren, zeitlosen, menschlichen Werte wie Mitgefühl, Güte, Dankbarkeit, inneren Frieden, Liebe. Beide Seiten sind da, aber wir wissen, wo wir stehen und was wir erleben und vermehren wollen.

Erste Hilfe für kleine und große Krisen

Was hilft dir, wenn du nicht gut drauf bist? Diese Rubrik dient speziell der Vorsorge für weniger rosige Zeiten, in denen du das, was du an guten Tagen selbstverständlich findest, scheinbar vergessen hast.

Ich glaube nicht, dass es einer sich selbst erfüllenden Prophezeiung gleicht, wenn man sich einen Erste-Hilfe-Plan für eine künftige Krise oder das nächste Stimmungstief aufstellt. Die Erfahrung – und der Blick auf jedes Gebirge der Welt – zeigt einfach, dass Berg und Tal zusammengehören. Und für den nächsten Aufstieg sind etwas Proviant und die geeignete Ausrüstung sinnvoll. Damit du dies parat hast, kannst du dir hier einen Rucksack packen, der dann griffbereit ist. Ich hoffe, du verzeihst mir, dass ich mit dem Packen schon begonnen und zwei Punkte bereits ausgefüllt habe.

Also, welche Spazierwege, Übungen, Freunde, Weisheiten, Filme, Rezepte oder oder oder bringen dich am ehesten wieder in Balance?

Was half dir schon oft in einem Tief?

- *Das Wissen: Auch das wird vorübergehen. Denn nichts bleibt, wie es ist. Alles wandelt sich.*

- *In meinen Notizen in diesem Buch schmökern und jedes Quäntchen an gutem Gefühl, dass ich dabei wahrnehme, tief spüren.*

An welche deiner Stärken oder Erfahrungen möchtest du dich in Krisen erinnern?

Ein Liebesbrief: Schreib dir in einem Moment voller Freude, Dankbarkeit und Zuversicht selbst einen Brief. Erzähle von deinem Glück und beschreibe die guten Qualitäten, die du an dir selbst und am Leben überhaupt wahrnimmst. Schreib dir das, was du dir selbst in einem traurigen oder schweren Moment gern sagen möchtest. Spende dir Trost, mach dir Mut! Schenk dir deine Liebe! Und wenn du ihn mal brauchst, findest du diesen Brief hier wieder …

Liebe .... !

Deine ....

Sei behutsam mit den Angeboten hier. Prüfe in schwierigen Momenten genau, was dich anspricht und dir Hilfe verspricht. Die folgenden Fragen können dir eine Anregung geben, auf eine neue Weise auf dein Problem zu schauen. Wenn dich eine davon anspricht, nimm dir die Zeit, sie auf einem Extrablatt für dich zu beantworten. Oft geht das am besten, wenn du nicht zu intensiv nachdenkst, sondern die Frage in dir wirken lässt und schaust, welche Worte, Gedanken, Bilder oder Empfindungen dazu in dir aufsteigen. Lass den Wandel in dir zu, wenn er geschehen will.

Welche Fragen könnten dich jetzt weiterbringen?

- *Könntest du versuchen, das, was gerade schmerzhaft ist, einfach zu fühlen, zu empfinden, dich selbst damit in den Arm zu nehmen?*
- *Neben all dem, was gerade nicht stimmt – was ist in Ordnung?*
- *Was ist außer Krise noch da?*
- *Was genau ist schwierig oder schmerzhaft? Und warum könnte das momentan genau die Erfahrung sein, die du auf deinem Weg brauchst?*
- *Welchen Vorteil könnte es haben, dass es gerade nicht so läuft, wie du es gern hättest?*

- *Wo war es schon mal gut, etwas nicht bekommen zu haben, was du wolltest?*

- *Nach Eckhart Tolle: Welches Problem hast du genau jetzt? In diesem Moment?*

- *Welche Angst quält dich? Und was spricht dagegen, dass das, was du befürchtest, eintrifft? Und wenn es einträfe, was genau könntest du dann tun?*

- *Stell dir vor, du schaust in einem Jahr oder in fünf Jahren auf den aktuellen Moment. Was würdest du dann empfinden? Was würdest du dem aktuellen Ich wünschen? Und welches Geschenk könntest du bestenfalls aus dieser Krise erhalten haben?*

Den meisten Schmerz und Stress macht oft das eigene Denken. Wenn es gelingt, die Gedankenschleifen zu unterbrechen, geht es uns oft schon viel besser. Bis das Grübeln wieder einsetzt … Mittel und Wege, in die Stille zu kommen oder wenigstens in positive Gedanken, sind daher nicht zu unterschätzen.

Was hast du hierfür schon ausprobiert? Was funktioniert bei dir? Eine körperliche Aktivität? Ein heißes Bad? The Work von Byron Katie zum Hinterfragen quälender Gedanken? Lachen?

Was hilft dir, das Grübeln zu beenden?

Meist gibt es eine ganze Menge Menschen, die für dich da wären, wenn du sie um Unterstützung bitten würdest: Freunde, Familie, Partner, Nachbarn. Aber genauso auch eine Hausärztin, Therapeuten oder Heilpraktiker, die du kennst. Sie mal auf einem Blatt aufgelistet zu sehen, kann sehr entspannend und tröstend wirken.

Wer wäre für dich da, wenn du es brauchst?

Welche klitzekleinen Freuden bringen dich zu dir?

Welche Minitechniken wirken bei dir?

Ob du an einem Parfüm oder einfach an einem guten Tee riechst oder dreimal tief durchatmest, im Alltag braucht es manchmal winzige Achtsamkeitsmomente, die den Stress reduzieren und dich wieder zu dir bringen. Wenn du »deine« Mittel noch nicht kennst, beobachte dich eine Zeit lang mit Blick darauf im Alltag.

Was macht dir immer wieder Mut im Leben?

Ende … und Anfang

Wir sind am Ende unseres gemeinsamen Ausflugs angekommen. Für dich kann dieses Ende zugleich der Anfang deiner eigenen (Weiter-)Reise durch die Sphären des Glücks sein. Ich freue mich, wenn du alles, was dir dieses Buch an Anregungen gibt, ausgiebig nutzt. Möge sich das unermessliche Potenzial an Glück in dir entfalten – auf allen Ebenen, die es für uns als Menschen bereithält. Und mögest du auf diesem Weg so weiterwachsen und erblühen, wie es für dich zum Allerbesten ist, für dein Umfeld und für uns alle, die wir diese Erde ausmachen.

Alles, was dich glücklich macht

Deine aktuellen Top Ten

....

....

....

....

....

....

....

....

....

....

Alles, was mich glücklich macht

Meine persönlichen Top Ten

- *Echte Verbundenheit erleben*
- *Reisen und unterwegs sein*
- *Bäche, Flüsse, Seen, Meere.*
  Einfach nur am Ufer sitzen und schauen …
- *Katzen und Hunde*
- *Ästhetisch schöne Gebäude und Räume*
- *Lesen, forschen, erkennen, kreativ denken*
- *Meditative Wege – und wie sie die Welt verändern*
- *Amselgesang*
- *Einfach mal Zeit haben*
- *Dass ich dieses Buch schreiben durfte – und dass ich es nun nach und nach auch für mich selbst ausfüllen kann.*

Danke!

Ein paar Bücher, die glücklich machen

- Dalai Lama / Haward C. Cutler: *Die Regeln des Glücks.* Herder
- Barbara L. Fredrickson: *Die Macht der guten Gefühle.* Campus
- Rick Hanson: *Das Gehirn eines Buddha.* Arbor
- Gerald Hüther: *Neurobiologie des Glücks* (Vortrags-DVD). Jokers
- Byron Katie: *Lieben, was ist.* Arkana
- Jack Kornfield: *Das innere Licht entdecken. Meditationen für schwierige Zeiten* (3 CDs). Arkana
- Peter Malinowski: *Flourishing.* Irisiana
- Wilhelm Schmidt: *Unglücklichsein.* Eine Ermutigung. Insel
- Eckhart Tolle: *Eine neue Erde.* Arkana

Der Verlag weist ausdrücklich darauf hin, dass im Text enthaltene externe Links vom Verlag nur bis zum Zeitpunkt der Buchveröffentlichung eingesehen werden konnten. Auf spätere Veränderungen hat der Verlag keinerlei Einfluss. Eine Haftung des Verlags ist daher ausgeschlossen.

Verlagsgruppe Random House FSC® N001967

Integral Verlag
Integral ist ein Verlag der Verlagsgruppe Random House GmbH.

ISBN 978-3-7787-9262-9

Erste Auflage 2016

Neumarkter Str. 28, 81673 München

Einbandgestaltung: Guter Punkt, München unter Verwendung von Motiven von
© Yulia_Artemova / thinkstock (Etikett)
© Markus Weber, Guter Punkt, München (Schmetterling)
Satz: Claudia Castiglione, Guter Punkt, München
Druck und Bindung: Theiss, St. Stefan im Lavanttal, Österreich

www.integral-verlag.de
Website der Autorin: www.franziskamuri.de